广东省哲学社会科学规划教育学研究项目心理学课题：
中小学教师的教学思维与学生思维发展关系的研究
（课题批准号：07SXY002）

本书由

2013年度广东省高等学校教学质量与教学改革工程本科类建设项目“小学教育专业综合改革试点”经费

嘉应学院出版基金

嘉应学院心理学学科建设经费

共同资助

教师思维与教学问题意识研究

曾拓　著

暨南大學出版社
JINAN UNIVERSITY PRESS

中国·广州

图书在版编目（CIP）数据

教师思维与教学问题意识研究 / 曾拓著 . —广州：暨南大学出版社，2014.6（2022.1 重印）
ISBN 978 - 7 - 5668 - 1036 - 6

Ⅰ. ①教… Ⅱ. ①曾… Ⅲ. ①教学研究 Ⅳ. ①G420

中国版本图书馆 CIP 数据核字（2014）第 110172 号

教师思维与教学问题意识研究
JIAOSHI SIWEI YU JIAOXUE WENTI YISHI YANJIU
著　者：曾　拓

出 版 人： 张晋升
策划编辑： 冯　琳　黄圣英
责任编辑： 冯　琳
责任校对： 姚晓莉　黄志波
责任印制： 周一丹　郑玉婷

出版发行： 暨南大学出版社（510630）
电　　话： 总编室（8620）85221601
营销部（8620）85225284　85228291　85228292　85226712
传　　真：（8620）85221583（办公室）　85223774（营销部）
网　　址： http：//www. jnupress. com
排　　版： 广州良弓广告有限公司
印　　刷： 广东虎彩云印刷有限公司
开　　本： 890mm × 1240mm　1/16
印　　张： 6
字　　数： 167 千
版　　次： 2014 年 6 月第 1 版
印　　次： 2022 年 1 月第 3 次
定　　价： 25.00 元

前　言

随着认知心理学的兴起，人们越来越关注教师可观察行为背后的思维过程，主张用认知理论来揭示教师思维与教师行为间的关系。通过研究教师的思维过程，我们可以更好地把握教师专业化发展的规律，更深刻地认识教与学的关系，更有效地促进学生思维的发展。这是因为在教学活动中，教师对学生思维的启迪和引导，对学生思维的发展经常起到重要的影响作用。

综合专家学者们关于教师思维的各种理解和认识，我们可以将教师思维定义为：教师在分析思考、综合考察各种教学构成要素的基础上确定教学目标，并围绕教学目标的实现进行推理、计划、判断、决策、监控、评估和反思的头脑内部复杂的认知加工过程。它主要包括教师的教学计划与决策、教学反思和教学监控。教师的这些思维活动有一般性思维的特点，也有教师专业性思维的特点，而且深受教师的教学问题意识的影响。基于这一认识，从2002年开始，笔者围绕教师思维与教学问题意识，先后向广东省教育科学规划领导小组、省教育厅和嘉应学院申报了有关教师思维，特别是教师的教学问题意识与诊断能力方面的一系列科研项目，并获得了立项资助。本书既是笔者先后完成的这一系列研究项目，特别是最后一个研究项目，即中小学教师的教学思维与学生思维发展关系的研究（课题批准号：07SXY002）的成果报告；又是嘉应学院范远波教授负责的2013年度广东省高等学校教学质量与教学改革工程本科类建设项目“小学教育专业综合改革试点”的成果之一。

全书共九章，第一、二章分别是笔者在参考相关文献的基础上对思维和教师思维的阐述；第三章论述教师的教学计划与决策；第四章是对教师教学反思的述评，以及笔者所做的相关研究；第五章是对教师教学监控的综合论述；第六章是笔者对教师教学问题意识的分析探讨；第七、八章介绍笔者所做的有关教师教学问题意识与诊断能力方面的实证研究；最后一章，即第九章是笔者对教师教学思维促进的思考和探讨。本书可以作为高等学校师范类专业学生或教师在职培训的教育科学理论的教材或教学参考书使用。

虽然笔者撰写本书历时多年，但都是在繁忙的教学工作之余，断断续续完成的；更由于本人的学识与能力有限，书中难免有考虑不周和错误的地方，或者是有待进一步商榷的观点。祈盼广大读者批评指正！

曾 拓

2014 年 3 月

目　录

第一章　思　维

人类文明的物质文明抑或精神文明都是人类智慧的结晶，而思维可谓是人类智慧的明珠。这颗熠熠生辉的明珠照亮着我们去探索星体的奥秘，去探寻海底的宝藏……带我们去认识万物，包括人类自身存活的复杂变化及规律。正是人类高度发达的思维，使我们对客观世界和主观世界的认识日益丰富和精准，使我们成为“万物之灵”。所以，人类对自身这一奇特而又作用无穷的思维的探究也从未中断过，尤其是心理学家，从不同的角度对思维这一心理活动做了大量研究和探讨，使我们对思维有了比较全面和深入的认识。下面，以现有资料为基础对思维进行解读。

第一节　思维概述

在国内外，有很多心理学家对思维这一心理活动进行了严谨的分析研究，并且做出了多种解释。本节首先扼要地评介国内外有代表性的几种解释并分析思维的特征，其次讨论思维和语言的关系，最后分析与归纳思维的种类。

一、什么是思维

心理学家对思维这一高级认知活动有不同角度的理解。有如下三种代表性的观点：

（一）思维是指向并导致“解决”问题的内部认知过程

罗伯特·L. 索尔所（Robert L. Solso）等美国心理学家认为，思维（thinking）是通过判断、抽象、推理、想象和问题解决这些心理活动之间复杂的相互作用来实现信息转换，从而形成新的心理表征的过程。关于思维，他们的基本观点是：

（1）思维是认知的——也就是说，它是在头脑中“内在”发生的——但是可根据行为推断出来。比如，课堂教学中，学生回答老师的问题时体现了思维。

（2）思维是一个过程，涉及对认知系统中的知识进行的某些处理。学生思考老师提出的问题时，过去记忆与当前信息的结合改变了学生对问题的认识。

（3）思维指向并导致“解决”问题的行为，或者集中到寻找解决方法上。在学生的头脑中，其回答集中到正确解决老师提出的问题这一目的上。[①]

显然，罗伯特·L. 索尔所等人把思维看成是通过头脑内部

① ［美］罗伯特·L. 索尔所等. 认知心理学（第7版）. 邵志芳等译. 上海：上海人民出版社，2008.

复杂的心理活动来进行信息转换，形成新的心理表征，指向并导致“解决”问题的行为。照此解释，思维不是单一的心理活动，而是包含多种认知加工，以及它们之间的相互作用的复杂心理活动；也是通过信息转换的实现来形成新的心理表征的内部认知加工过程。此外，思维跟其他心理活动一样，主要是在头脑内部进行的，看不见，摸不着，而又有其外部表现，即外部言语和行为。

（二）思维是高级的、内隐的信息加工过程

黄希庭教授在其著作《心理学导论》（第2版）中对思维是这样解释的：思维是在超出现实的情境下分析有关条件以求得问题解决的高级认知过程，是指运用观念、表象、符号、语词、命题、记忆、概念、信念等的内隐的认知操作或心智操作。所谓超出现实是指思维的对象——客观事物，可以不在眼前，而只是头脑中的心理表征形式；把思维看作是高级的认知过程则是相对感知、记忆等认知加工而言的。从实质上看，黄希庭教授把思维看成是大脑利用其存储和表征的信息解决问题的复杂的、高级的内隐信息加工过程。这是第二种有代表性的对思维的解释。

（三）思维是对客观事物的本质和规律进行概括的、间接的反映的过程

对思维颇具代表性的解释是我国著名心理学家林崇德教授等人的观点。林崇德教授在《思惟发展心理学》一书中对思维做了这样的解释：“思维，这是人脑对客观事物的一种概括的、间接的反映，是客观事物的本质和规律的反映。”对思维的这一定义，我们可用这样一个例子来说明：昨天是晴天，今晨起来地上到处都是湿的，就可以知道昨晚下雨了。我们虽没亲眼看到下雨，但是思维可以让我们间接了解到昨晚下过雨这一事实。下了雨地上一定会湿，也是我们对事物之间固有的、必然的联系进行概括反映的结果。因此，思维是人脑对客观事物的一种间接的、概括的反映。对思维的这一解释突出强调了思维活动的间接性和概括性。

上述三种有代表性的对思维的解释，虽然语言表达方式不一样，但对思维这一心理现象的实质理解是一样的。这就是，思维是比感觉、知觉和记忆等认知活动更高级的认知过程，是能揭示事物本质和规律的复杂的认知加工活动。因此，其实质有二：第一，思维活动的具体内容是人的头脑中储存的信息（即人们对客观事物的心理表征），作为“内部活动”的头脑中的信息处理过程和形式是看不见的；而思维活动的结果几乎都能以外显的形式让我们通过五官了解到。第二，思维不同于直接的感知，它是基于感知的对事物的间接和概括的反映，这种间接和概括的加工主要表现为对头脑里面的观念、表象、符号、语词、命题等进行判断、抽象、推理和想象等心理活动。

二、思维的特征

任何事物都有其特征，思维作为高级的认知加工过程，也有它的特征。那么，思维有哪些特征呢？我国著名心理学家林崇德教授认为，思维有六个特征，即概括性、间接性、逻辑性、问题性、层次性、生产性。概括性是思维最显著的特征。思维之所以能揭示事物的本质和内在规律性的关系，主要是来自大脑对信息进行的概括加工，即来自抽象和概括的过程。概括是在思想上根据抽象出来的事物的共同本质特征或内在联系结合起来的过程。[①]林崇德进一步指出，思维的概括性特征主要体现在四个方面：

第一，概括是人们形成或掌握概念——思维细胞——的直接前提。

第二，概括是思维活动的速度、灵活迁移程度、创造深度等思维品质的基础。

第三，概括是科学研究的关键机制。

第四，学习和运用知识的过程，也是概括的过程。

概括性在思维活动中起到非常重要的作用。思维的间接性是

---

① 林崇德．我的心理学观：聚集思维结构的智力理论．北京：商务印书馆，2008.

指思维凭借头脑中储存的知识经验对客观事物进行间接的反映。这一点在上面也有所说明。对思维的其他特征，林崇德教授在《思惟发展心理学》一书中作了很好的阐明：

思维的逻辑性，是指思维过程有一定的形式、方法，是按着一定的规律进行着的。

思维的问题性是指思维是有目的的，总是指向解决某个任务；思维过程主要体现在解决问题的活动中。

思维的层次性是指思维作为智力的核心，与智力一样是有不同的层次的。

思维的生产性是指思维活动会出现相应的思维成果。①

因此，思维主要是对头脑里的知识经验进行复杂的，而又有规律的，朝向一定目标（或任务）的"内隐认知加工活动"，会产生相应的成果。一般而言，高水平的思维会产生高质量、高价值的成果，而低水平的思维所产生的成果则可能是低质量、低价值的，甚至是劣质的、毫无价值或负价值的。因为思维如此重要，所以，学校的教育教学就应教会学生怎样思维；而要教会学生怎样思维，关键是要教会学生如何概括。

三、思维与语言

思维之所以能超出各种感知信息去认识事物，是因为思维的间接性。间接认识事物少不了一定的媒介，这些媒介包括语言、表象和动作等。而语言是人类思维最基本的，也是最重要的媒介，思维与语言有着密不可分的关系。

语言，在《新华词典》里是这样解释的："以语音为物质外壳，由词汇和语法两部分组成的符号系统；是人类最重要的交际工具，人们运用它进行思维，交流思想，组织社会生产，开展社会斗争，推动历史前进。"② 这就是说，语言是人们进行思维、生

---

① 朱智贤，林崇德．思惟发展心理学．北京：北京师范大学出版社，1986．

② 商务印书馆辞书研究中心．新华词典．修订版．北京：商务印书馆，2001．

产、生活和交流的工具，是由语音、词汇和语法构成的符号系统。而在心理学教科书上则是这样解释的：语言（language）是人类用各种有组织的方式将词汇组合起来以便于沟通的符号系统，也是人类进行思维、抒发情感、传递知识的工具。语言这种符号系统，包括语音系统、词汇系统和语法系统。[①] 很明显，心理学视野中的语言解释与《新华词典》中的解释是基本一致的，都把语言看成是有其内在结构的符号系统，是人们进行思维和交流的工具。那么，是不是把语言看成是思维和交流的工具，我们就可以把二者的关系说清楚了呢？显然没有。我们应当看到，语言作为人类独有的一种交流系统，也是人类进化的产物。我们人类在产生语言之前可能就有很长的人际交流史，有很长的共享各种各样信息的过程……然后才产生语言，进而可以进行更方便、更灵活的交流。如果从这一角度来看，语言是人类思维的产物。另外，我们知道，在世界范围内，使用不同语言的人，其思维习惯、思维方式往往不一样。这种现象可以用思维产生语言这一观点来解释。人们使用语言的高度灵活多样性，也只能用思维的灵活性、思维的变通性来解释。所以，思维与语言是一个整体的两个方面，思维会影响语言的掌握和运用，也会影响语言的发展。反过来，语言也会影响人的思维，二者是密不可分的，它们不会独立存在。因此，学校智育过程中，应把二者统一起来，既要指导学生通过积极的思维活动去学习掌握语言，不让学生机械地、生吞活剥地死记硬背，又要通过对语言的实际运用来提高学生的思维能力。

四、思维的种类

思维是极为普遍而又非常重要的心理活动，比如，我们经常会提到，你计划怎么样？你拿出一个主意来吧！怎么会出现这种情况呢？你有办法解决这个问题吗？你再推敲一下吧！等等。因

---

① 黄希庭. 心理学导论. 北京：人民教育出版社，2007.

此，可谓事事要思维，时时有思维。那么，思维有哪些种类呢?

思维的普遍性、重要性导致了思维种类的多样性。因此，很难对思维的种类进行比较详尽的划分。在心理学上，主要按以下三种方式来划分思维种类。

（一）根据思维活动的性质、内容和解决问题的方式来划分

按思维活动的性质、内容和解决问题的方式，可将思维分为直观动作思维、形象思维和抽象逻辑思维三种。

1. 直观动作思维

直观动作思维，通常简称为动作思维，是指凭借个体直接的感知活动，以实际动作作为支柱去分析问题、解决问题的思维。这是婴幼儿的主要思维种类，他们在思维时要去实际操作，借助触摸、摆弄物体来进行。成年人在解决某些问题时也要用到动作思维。

2. 形象思维

形象思维是指以人脑中的具体形象（也叫表象）为支柱来解决问题的思维。这种思维往往是通过对头脑中的客观事物的形象进行加工改造来进行的，在幼儿和小学低年级学生当中表现得非常突出。成年人在解决相关问题，比如进行文学创作、艺术创造、建筑设计等工作时，也要进行形象思维。运用形象思维有助于我们对复杂问题的理解，因此它被认为是创造活动中最常见的思维。

3. 抽象逻辑思维

抽象逻辑思维是以语词为基础，利用概念、判断和推理等形式进行的思维。这种思维在中学生身上得到了迅速发展。进行抽象逻辑思维能揭示事物的本质和规律，是人类思维概括性的集中体现。抽象逻辑思维能力也是智力的核心。

心理学的研究表明，个体思维发展是从以动作思维为主，发展到以形象思维为主，再发展到以抽象逻辑思维为主。教师在教学过程中要结合学生的思维水平做到因材施教，有效地促进学生思维能力的发展。

（二）根据探索问题答案的方向来划分

根据探索问题答案的方向不同，可以把思维分为聚合思维和

发散思维。

1. 聚合思维

聚合思维又称为求同思维或集中思维，是一种将问题情景中的各种信息聚合起来，朝着同一个方向思考并得出一个正确答案的思维。举一个简单的例子，A 大于 B，C 小于 D，A 比 E 小，B 比 D 大，F 比 E 大，问谁最大？我们在探索这个问题的答案时，就要用到聚合思维。

2. 发散思维

发散思维又称为求异思维或分散思维，是指从目标出发，沿着各种不同途径去思考，探求多种解决问题的答案的思维。举例来说，给你一块一平方米的玻璃，请你尽可能多地说出它的功能或用途来，那你就要用到发散思维，考虑在不同的条件下，这块玻璃会有怎样不同的用途。

在解决问题时，针对不同的问题，我们进行思维探索的方向可能不同，有时要用到聚合思维，有时要用到发散思维，有时可能既要用到聚合思维又要用到发散思维。学校教育实践中，由于学生解答的都是书本上的问题，思维方向明确，答案唯一，所以聚合思维的训练比较充分，发散思维的训练就相对比较少。因此，鼓励学生进行发散思维就显得尤为重要。

（三）根据解决问题的创新程度来划分

根据解决问题的创新程度，可以把思维分为常规性思维和创造性思维。

1. 常规性思维

常规性思维又称习惯性思维或再造性思维，是指运用已有的知识经验，按照现成方案和程序，运用惯常方法或模式寻求解决问题的思维。例如，对自然数从 1 到 100 求和。按惯常方法来算，是将这些数字一个一个加起来算总和。这种计算总和的方法所运用的思维就是常规思维。

2. 创造性思维

创造性思维是指以新异、独创的方式来解决问题的思维。上面的计算题是德国著名数学家、物理学家、天文学家、大地测量学家高斯（C. F. Gauss）在9岁时，小学老师布置给他的作业。他所使用的方法是：对50对构造成和是101的数列求和（1+100，2+99，3+98……），得到结果：5050。在高斯想出这一计算方法之前，还没有人用这种方法来完成类似的作业，所以当时他所用的这种方法是新异的、独创的。这种解决问题的方法所使用的思维就是创造性思维。它是人类探索未知、解决复杂疑难问题时最需要的一种思维种类，即使是解决一般性的问题，或者在日常生活、学习中也需要这种思维。

倘若我们没有创造性思维，怎么会有空中客机、高速列车呢？就是自行车恐怕也不会有。倘若我们不会创造性思维，又怎么会有纳米材料、合金材料、钢化玻璃呢？恐怕石器也在地球上见不到！离开创造性思维，人类文明就无从开启。因此，科技发展、人类进步在很大程度上是源自人的创造性思维。科学家的发明创造离不开创造性思维，普通人要把学习和工作都做好也不能没有它。所以，如何来培养和发展学生的创造性思维是学校教育教学工作者必须思考和力求解决的重要问题。

第二节　思维形式

思维是头脑内部复杂的、高级的认知加工过程，虽然看不见，摸不着，但是，从思维的目的、拟完成的任务以及思维的最终成果等方面来考虑，还是可以将思维区分为概念形成、推理与决策、问题解决等主要思维形式。

一、概念形成

我们的头脑中储存有大量知识和经验，其中概念是最基本的，也是非常重要的知识经验形式。有了概念，我们就能把新事物归纳到合适的范畴中，以便更好地认识它、了解它。但概念不会自然形成，概念形成是思维活动的一种形式。

概念形成（concept formation）或概念学习指的是辨识出一组物体或观点的共同属性的过程。[①] 某种物体或观点的共同属性也就是事物的本质或根本性的观点。所以，概念形成是个体掌握概念本质属性的过程，只有当个体掌握了概念的本质属性才算真正形成了概念。否则，即使一个人把某一概念的文字表达背得滚瓜烂熟，也是没有形成概念。有多种因素会影响到我们的概念形成，归纳起来主要有以下几种。

（一）过去经验

个体基于日常经验获得的概念一般不是科学概念，通常称为日常概念或前科学概念。日常概念对科学概念的形成有明显影响，这种影响可能是积极的，也可能是消极的。当日常概念的含义与科学概念的内涵一致或基本一致时，日常概念会促进科学概念的掌握。例如，小学生头脑中的日常概念——三角形，其内涵可能就是“由三条直线连接起来，有三个角的图形”。这就与科学概念——三角形的内涵，即“不在同一直线上的三点，用线段连接起来的封闭图形”基本一致。因此，同学们领会、掌握三角形的概念也就容易些。当日常概念的含义与科学概念的内涵不一致时，往往会产生消极影响。比如，少年、儿童头脑中的日常概念——鸟，其内涵可能就是“有翅膀、会飞、有两只脚、能行走的动物”。这就与科学概念——鸟的内涵，即“鸟是脊椎动物的一纲，体温恒定，卵生，全身有羽毛，前肢变成翅膀，一般能飞，后肢能行走”不一致。这样，学生头脑中日常概念的鸟就会对其掌握科学概念的鸟产生消极影响，就会对鸡和鸭也是鸟很费解。

教师在进行概念教学时，应了解学生头脑中相应的日常概念有哪些，其含义与学生所要掌握的科学概念的内涵是否一致。当学生的日常概念会对其学习科学概念产生消极影响时，就应引导学生进行反复比较，以准确掌握科学概念的内涵。

---

① ［美］罗伯特·L. 索尔所等. 认知心理学（第7版）. 邵志芳等译. 上海：上海人民出版社，2008.

（二）概念所包括事物的变式

每一个概念都有它所涵盖的事物，而事物又有它的表现形式。同属于一个概念的各种事物可能在形式上很相似，也可能不一样；而分属于两个概念的事物也有可能在形式上非常相似，但本质不一样。正确地、充分地提供事物的变式有助于概念的理解与掌握；反之，则不利于概念的掌握。因为，在提供概念所包括的事物的变式时，不充分或不正确的变式会引起缩小概念或扩大概念的错误①。有些不属于同一概念的事物具有非常显著的非本质特征，如果不加以分辨比较，在概念形成过程中就很容易出现错误。例如，有些儿童把蝙蝠当作鸟，就是没有把蝙蝠会飞这一非常显著的特征跟鸟的本质特征（卵生，全身有羽毛等）认真地分辨比较，因而出现了错误。因此，进行概念教学时，在帮助学生形成概念的过程中，要向学生（特别是低年级学生）正确地、充分地提供本质相同的同类事物的不同变式，以及本质不同的不同类事物的相似变式。

（三）语言的使用

头脑中形成的概念要用语言来表达，而概念是用词来标志的。在对事物属性进行了反复的分析、综合、比较、抽象和概括的基础上，要用准确的语言给概念下定义。这对概念形成是非常重要的，甚至是必不可少的。如果我们学习了一个概念后，不能用准确的语言表达该概念所反映的事物的本质，那么就不能说已经掌握了这一概念。试想，如果问一个中学生，什么叫数学？他（她）的回答是数学就是计算客观事物的大小、多少和方向的科学。我们可以认为他（她）的头脑中已经形成了科学的数学概念吗？显然不可以。因为这样的回答并没有将数学的共同特征（或者说本质）准确地表达出来，因此我们不能认为他（她）已经理解掌握了数学的本质特征。数学的准确表达是：数学是研究现实世界的空间形式和数量关系的科学。②

---

① 黄希庭．心理学导论．北京：人民教育出版社，2007.

② 商务印书馆辞书研究中心．新华词典．修订版．北京：商务印书馆，2001.

（四）概念的具体化

个体任何知识的获得及能力的发展都离不开实践，概念形成也一样。我们除了通过概念形成这一思维形式把某一概念所反映的事物的本质特征理解了、领会了，还要将概念具体化，即把概念运用到实际学习与工作中去。在实践中运用概念，可以加深对概念的理解，提高对概念掌握的程度和水平。举例来说，负数这一概念，文字表达是小于零的数，实质就是不但没有某事物，还向他人（或其他方面）借用（或索要等）了这一事物。如果一个小学生，学习了负数这一概念后能联系现实生活来使用此概念，这就说明其能将这一概念具体化。比如，小张不但身上没钱，还找小叶借了 10 块钱，如果问小曾，小张身上有多少钱呢？小曾会回答“ –10 元”。教师在教学过程中，要重视引导学生将概念具体化，即引导学生在实践当中运用学习掌握的概念，这不但有利于学生全面、正确地掌握概念，还能促进学生的思维发展。

（五）构建概念体系

概念所揭示的是同类事物的共性和本质，而事物之间又是相互联系的，不同类事物之间也存在相互联系，因而概念之间也是相互联系的。因此，在概念形成过程中，在明确了不同概念之间的区别与联系后，就要进一步构建概念体系。在构建概念体系时，可以按照相似性、接近性、对比关系等原则去进行。例如，在小学生学习了自然数、整数、分数、正数、负数、零、有理数和无理数等概念后，教师就要指导学生将这些抽象化的数的概念构建成一个数的概念体系来学习和记忆。这是牢固掌握概念的有效的常用方法。

概念形成是人们常有的思维形式，通过这一思维形式我们可以对事物进行分辨和归类，并达到正确了解、把握事物的目的。概念形成不是对事物外表属性的感知，而是对事物本质和内在联系的高级形式的认知加工。所以，教师在帮助学生形成概念的过程中，务必要让学生开动脑筋。

二、推理与决策

人们在日常生活过程中经常要进行推理与决策，特别是在面临新的情境与问题时，更是如此。推理（reasoning 或 inference，二者是同义词）是指从已有的知识推出新结论的过程，它是思维活动的重要形式。

推理包含两个重要成分——前提和结论。前提是指已有的知识或推理所依据的知识，结论是根据前提所得到的新的知识[①]。因为推理是由现有知识去获得新知识的过程，所以也可以把推理看作是头脑里的知识生产过程。如果已有知识是科学正确的，推理又符合逻辑，得到的新知识往往也是科学正确的。但是，即使已有知识是科学正确的，如果推理不符合逻辑，得到的新知识就可能是不科学、不正确的。从这一点来说，科学知识的产生离不开正确的推理。当然，在知识产生的过程中，决策也是很重要的。推理主要有演绎推理和归纳推理两种。下面就来讨论演绎推理、归纳推理和决策这三种思维形式。

（一）演绎推理

演绎推理（deductive reasoning）是从一般性知识得到特殊性知识的思维形式。演绎推理主要有三段论、线性推理和条件推理三种。

1. 三段论

三段论是由两个知识前提推出新知识的过程。例如：

所有鸟都是卵生动物
山雀是鸟
所以，山雀是卵生动物

这就是三段论推理，它包含前面两个前提和后一个推导出的

① 彭聃龄，张必隐．认知心理学．杭州：浙江教育出版社，2004．

结论。这一推理形式是哲学家和心理学家一直都很感兴趣的课题。心理学家所感兴趣的是推理规则在人脑中是如何表征和运用的，即人们是如何来理解前提，并由前提推导出结论来的。心理学家研究发现，气氛效应是影响三段论推理的重要因素。

气氛效应的定义是：根据其推理的形式接受或者拒绝某一推理的趋向。换句话说，以某种方式表达推理会影响其可信度。有研究（Johnson – Lairdt & Byrre，1989，1991 和 Johnson – Lairdt & Steedman，1978）表明，三段论的形式对结论的获得表现出了极大的影响。[①] 英国认知心理学家菲力普·约翰逊—莱尔德（philip Johnson – Lairdt）教授等人指出，特别是对于以下形式的三段论的前提：

一些父母是科学家
所有的科学家都是开车的人

人们更容易得出的结论是“一些父母是开车的人”，而不是同样有效的“一些开车的人是父母”。因此，对特定内容的前提，如果表达方式不一样，推理得出的结论也就可能不一样。这是不是可以说明我们的思维也有其“固有的局限性”，在信息加工过程中倾向“便利性、效率性的原则”呢？这是一个值得研究和探讨的问题。

2. 线性推理

线性推理是指由一定关系的句子系列所组成的推论。线性系列推理问题的前提指出了几个逻辑项之间的可传递的关系[②]。举例来说，A > B，B > C，C > D，问 A、B、C、D 中，哪个最大？哪个最小？显然，根据 A、B、C、D 四者之间的一种线性系列的大小逻辑关系，可以得出 A 最大，D 最小。像这样的推理就是线

① ［美］罗伯特·L. 索尔所等. 认知心理学（第 7 版）. 邵志芳等译. 上海：上海人民出版社，2008.

② 黄希庭. 心理学导论. 北京：人民教育出版社，2007.

性推理。很明显，线性推理的思维方向是单一的，也是确定的。因此，只要推理者能正确分清楚各个逻辑项之间的关系，就能作出正确推理。

3. 条件推理

条件推理（conditional reasoning）是指人们运用条件性命题或蕴含性命题进行的推理。① 例如：

如果是适龄儿童，都要送学校接受义务教育
小明是适龄儿童
所以，小明要送学校接受义务教育

这就是典型的条件推理。个体在条件推理过程中，如果错误理解或解释前提，就会发生错误推理，得出错误结论。在进行条件推理时，个体会倾向于证实某种假设或规则，而很少去证伪它们。美国心理学家沃森的“四卡片选择任务”实验（Wason, 1966）证明了这一点。他的实验材料是四张卡片，每张卡片的一面有一个字母，另一面有一个数字，如下图所示。②

E	F	4	7

实验者告诉被试，卡片的制作规则是“如果卡片的一面是元音字母，那么另一面则是偶数”，问被试要翻看哪些卡片，才能检验这个规则的真伪。正确答案是卡片“E”和卡片“7”要翻看，其他都是不必翻看的。沃森的实验结果是只有约 4% 的被试作出了正确选择。有 46% 的被试翻动了 E 和 4，这犯了肯定后件的错误。这一实验中的被试倾向于证实卡片的一面是元音字母，另一面则是偶数这一假设或规则；而只有极少数的被试想到了要

① 彭聃龄，张必隐. 认知心理学. 杭州：浙江教育出版社，2004.
② 彭聃龄，张必隐. 认知心理学. 杭州：浙江教育出版社，2004.

去证明一面是偶数，则另一面为元音这一假设或规则是伪的，即不对的。

不过，沃森之后有研究人员（Johnson - Lairdt，Legreni & Legrenzi，1972）采用现实中的类似材料来做这样的实验，结果发现88%的被试能作出正确推理。研究人员认为，实验中使用的有现实意义的材料使被试能设身处地解决问题，即设想在这种情况下应该怎样推理，从而极大地提高了推理的正确性①。由此来看，材料的现实性也是影响推理的重要因素。

条件推理是根据条件进行推理。如果条件在现实中是合理正确的，又作出了正确推理，这就有助于现实问题的解决；如果条件在现实中是不合理、不正确的，即使作出了正确推理，也无助于现实问题的解决。当然，不管条件在现实中是否合理正确，如果推理不正确，同样不能解决现实问题。所以，面对现实问题进行推理时，一要分析所提供的前提条件在现实中是否合理、恰当，二要作出正确的推理。

（二）归纳推理

归纳推理（inductive reasoning）是从特殊性知识得出一般性知识的推理。归纳推理也是获得知识的思维形式之一，只是在获得知识的方向和形式上与演绎推理不同。前者是从特殊到一般的思维过程，后者是从一般到特殊的思维过程。面对现实中的很多具体问题，我们既要进行演绎推理，也要进行归纳推理。而科学的发展，技术的进步，以及知识的增长更是离不开归纳推理。《黄帝内经·针刺篇》中记载的故事就是一个很好的例子：有一个患头痛的樵夫上山砍柴时不慎碰破脚趾，出了一点血，但头部不疼了。当时他并没有注意。后来头痛复发，又偶然碰破原处，头痛便又好了。这次引起了他的注意，以后头痛时，他就有意刺破该处，而且都奏效（这个樵夫碰的地方，即现在所称的“大敦穴”）。这个樵夫一头痛就想到要刺破脚趾的原处，是因为他根据

① 彭聃龄，张必隐．认知心理学．杭州：浙江教育出版社，2004．

自己以往的各次个别经验推理出了一个有关刺破脚趾能治好头痛的一般性结论。这就是归纳推理。

归纳推理的前提是其结论的必要条件。首先，归纳推理的前提必须是真实的，否则，归纳就失去了意义。其次，归纳推理的前提即使是真实的，其结论未必就真实，而可能为假。这是因为，归纳推理的结论一般都超出了前提所确定的范围，其前提与结论之间的联系具有或然性。但不管怎么说，归纳推理作为从特殊到一般的思维形式，有助于我们认识事物的共性和本质，因而在概念形成中有重要作用。

上面评介了推理这一思维形式的类型和影响因素，从中不难看出，推理在解决问题、掌握知识与技能，以及认识未知等方面都是不可或缺的，也是很重要的思维形式。不管我们所作的是哪一种形式的推理，关键性的影响因素都在于我们能否正确地表征前提，以及能否从宽广的角度变通而又严谨地求证。鉴于此，学校教育教学过程中应十分重视培养学生的基本认知能力，并高度重视培养学生思维的广阔性、变通性和严谨性。

（三）决策

决策指的是意欲产生令人满意的结果的行动，若某一决策的结果与其他可能方案（alternative）的结果相比，至少同样令决策者满意，则称该决策是好的决策、成功的决策，否则就称该决策是不好的、失败的决策。[①] 决策与现实生活是密不可分的，从某一角度来看，现实生活就是由各种各样的决策组成的。很难想象谁的生活过程中没有决策，即使是像“做一天和尚撞一天钟”那样的生活，也不能说没有决策。

的确，面对现实的各种情况、各种可能性，我们是要经常进行决策的。有简单的决策，比如清晨起来决定早餐吃什么，就是一个非常简单的决策；有些决策就不能说简单了，如投资、买房、选择学校和专业等方面的决策；而有些决策则非常复杂，甚

---

① 陈烜之．认知心理学．广州：广东高等教育出版社，2006.

至可以说是极度复杂的，如我国目前碰到的城镇化、人口老龄化以及经济减速等方面的问题，解决起来是非常复杂的。有些决策的结果是不确定的，叫风险决策，如双方只有一方是独生子女的年轻夫妻是允许生育两个小孩，还是继续执行目前的只能生育一个小孩的政策呢？这就可以说是风险决策。有些决策的结果是确定的，叫无风险决策，如购买家庭小汽车时在品牌和性能等方面的选择就是几乎没什么风险，或者说是风险非常小的决策。教师的教育教学工作也是由各种各样的决策组成的。因此，决策是频繁而又多样化的思维形式。

决策虽然多种多样，但作决策的根本目的都是为了更好地行动，以便产生满意的结果。那什么是满意的结果，满意的结果是如何确定的呢？这就涉及逻辑推理的思维形式了。因此，推理与决策是分不开的，决策过程中要进行推理，推理是为了作出更好的决策；很多决策都是在推理基础上的择优过程，是从两个或两个以上的备选行动中确定一个的过程。由于决策与推理有着非常紧密的联系，上面也分析了推理的主要影响因素，在此就不对决策的影响因素进行分析探讨了。

四、问题解决

我们的现实生活中充满着各种各样的问题，有的比较简单，易于解决；有的非常复杂，难以解决。可以说，问题解决存在于社会生活的方方面面，我们在一生中要解决的问题恐怕难以计数。教师的教育教学工作也是一个持续不断地解决问题的过程。那么，什么是问题解决呢？整体上看，问题解决是涉及认知、情绪与情感、意志等心理过程的整体性心理活动，而思维活动是其核心和关键。所以在心理学里，往往把问题解决当作特殊的思维活动来研究和探讨。

（一）问题与问题解决的含义

广义的问题无处不在，但明显知道怎么做，怎样操作就能达到目标的情境，往往不作为问题。问题（problem）的结构成分有三：一是问题的起始状态（original state）；二是问题的目标状态（goal state）；三是由起始状态转变为目标状态的一系列认知操作，也叫问题的中间状态（intermediate state）。[①] 不必经由一系列认知操作即能由起始状态到达目标状态的简单情境不叫问题，当然也就无所谓问题空间。而问题解决（problem solving）为一系列朝向目标前进（目标导向）的认知加工过程，是一个在问题空间中的搜索过程。从实质上看，问题解决是复杂的思维活动，要在充分理解问题，即全面充分地把握问题空间的基础上，进行分析、综合、比较、推理与决策等思维过程才有可能达到目标状态。

（二）问题解决的过程

问题有大有小，有难有易，但不管问题是大是小，是难是易，其解决过程一般要经过发现与确定问题，定义与表征问题，形成解决方案与策略，执行与评估等过程。

1. 发现与确定问题

发现与确定问题是问题解决的第一步。如果发现不了问题，就不能确定问题的存在，那就谈不上问题解决。英国科学哲学家波普尔（Karl R. Poper）认为，“科学只能始于问题，从问题开始”，“科学和知识的增长永远始于问题，终于问题——越来越深化的问题，越来越能启发新问题的问题”。伟大的科学家爱因斯坦也强调：“发现问题和系统地阐述问题可能要比得到解答更为重要。解答可能仅仅是数学或实验技能问题，而提出新问题，从新的角度去考虑老问题，则要求创造性的想象，而且标志着科学的真正进步。”因此，如果说社会的发展、科学与技术的进步是从问题开始，那么教育的改革与发展也应是如此。教师作为主导学校课堂教学、教育改革与发展的具体实践者，就要有强烈的教学问题意识。否则，教学问题不但解决不了，反而会越来越多，导致教学质量越来越差。

2. 定义与表征问题

发现并确定有问题存在之后，就要把问题搞清楚，这就是定

① 彭聃龄，张必隐．认知心理学．杭州：浙江教育出版社，2004.

义与表征问题。比如，一个高中生，初中时成绩优异，现在的学习成绩明显不如初中时拔尖，他已认识到自己的学习有问题。那么，这个高中生接下来就应该把问题搞清楚，要正确地定义和表征问题。也就是要在头脑中经过认真地分析、比较和推理之后，把真正影响学习成绩的主要问题和问题的主要方面，以及问题的性质和关键等都搞清楚。在这个阶段，就这个高中生来说，如果通过积极的分析、比较，确认自己的学习方法与策略不好是导致学习成绩下降的主要原因，那么紧接着他（她）还要进一步分析自己的学习方法与策略是怎样的，是没有按记忆规律去学习和识记，还是忙于练习，忽视了对知识的归纳、梳理和总结……为什么这样的方法与策略没有取得良好效果等，都要搞清楚。问题清楚之后，才能进一步寻找解决问题的方案与策略。

定义与表征问题是个体运用知识经验去解释问题的过程，要求个体不但要有相应的知识，还要有分析综合能力、比较判断能力和逻辑推理能力等。教师在教学过程中只有重视发展学生的这些能力，才能使学生真正成为能自主学习、主动发展的人。

3. 形成解决方案与策略

完成了定义与表征问题的思维活动之后，接下来就要考虑如何解决问题，实现目标。这就是形成解决方案与策略的思维过程。这一阶段，要根据问题的性质，运用已有的知识与经验找到解决问题的方案与策略，拟定解决问题的途径与方法。

4. 执行与评估

解决方案与策略形成之后，一方面，要按照方案和策略去排除实现目标过程中的困难，从而解决问题。另一方面，要对执行方案和策略的过程及其可能结果进行评估。通过评估，可能会发现新的问题，甚至会对原先的问题进行重新定义和表征，以形成更好的方案和策略。

上述是问题解决的一般过程。我们在现实生活中碰到和面临的大多数问题的解决一般都要经过这几个过程。当然，有些问题的解决过程可能会因人、事、特殊的问题情境而不尽相同。

（三）影响问题解决的主要心理因素

问题解决涉及多种心理因素，其中最主要的是以复杂的思维活动为核心的高级认知加工过程。所以，有些心理学家或心理学工作者干脆就把问题解决看成是特殊的思维形式。影响这一特殊的思维形式的因素比较多，因此很难详尽列出。相对而言，影响问题解决的主要心理因素包括：

1. 问题表征

问题表征（problem representation）是头脑中对问题进行信息记载、理解和表达的方式。[1] 问题表征的实质就是对问题的分析、理解和把握。它包括了分析问题的起始状态和目标状态，了解问题的关键和各种约束条件，发现它们的联系，建构问题空间以及从长时记忆中提取有关的信息等。正确表征问题是解决问题的关键，有时在头脑中变换一下对问题的表征，问题也就可以迎刃而解了。例如，和尚化缘问题的解决。这个问题是这样的：一座寺庙坐落在山顶上，从山顶到山脚下只有一条小路，庙里的和尚每隔几天就要下山一次。有一天早上，太阳刚刚升起，一个和尚从山顶出发，沿着这条小路走下山，他虽然走走停停，但还是在中午时分到达了山脚下。到了山脚下，他走村串户地化了几天缘。然后，也是在一天早晨太阳刚刚升起的时候，他开始沿着原来的小路回去，因为上山不比下山轻松，所以，他时而快，时而慢，肚子饿了就停下来吃点干粮，直到太阳快落山时才到了山顶。请问，在这条路上找得到这个和尚两次经过的时间相同的地点吗？面对这样一个问题，如果按通常的理解，即通常的表征，那就是把它理解成主要由行走时间、行走速度和行走路程三要素构成的问题。我们可能就会考虑按照路程等于时间乘以速度的思路去寻找解决问题的办法。如果是这样，恐怕很难甚至无法得出正确答案。如果我们头脑中变换一下对这个问题的表征，把这个和尚一天下山，另一天上山，看成是两个和尚按各自的速度，在同一天

---

① 黄希庭．心理学导论．北京：人民教育出版社，2007．

早晨的同一时间出发，沿着山上的这条路，一个下山，一个上山。正确答案很快就可以找到。两个和尚行走了一段时间后终究会有相遇的时刻。因此，在这条路上能找到这个和尚两次经过而且时间也相同的地点。如图 1－1 所示。

图 1－1　和尚化缘问题的答案

2. 问题解决策略

问题得到正确表征之后，问题解决者就会运用各种方法来解决问题，这些方法一般就叫策略（strategy）。问题解决者用于解决问题的策略不同，会影响到问题能否得到解决或问题解决的效率和效果。问题解决中所用的策略可分为算法式和启发式两大类。

算法式（algorithm）是一种尝试排除错误，进而找到解决问题策略的方法。问题解决者采用算法式在问题空间进行搜索时，要对解决问题的每一种可能性逐一进行尝试，放弃尝试中产生的各种错误方法，直到找到问题的答案为止。这种方法能确保问题得到解决，但非常费时。

启发式（heuristics）是一种基于知识经验在问题空间中进行有选择的、有限的搜索去解决问题的策略。它不能保证解决问题，但能缩小问题空间，大大节省解决问题的时间。

对于算法式和启发式，可以“鸡兔同笼问题”加以说明。这个问题是这样的：将鸡和兔关在同一个笼子里面，已知笼子里面有 23 个头，76 只脚，请问鸡和兔分别有几只（不能用列方程的方法来解答）？如果采用算法式，那就可以从假设有一只鸡开始去尝试，这样可以找到答案，但非常费时。如果是采用启发式，就要根据现有知识经验去搜索答案。我们都知道，鸡只有两只脚，而兔有四只脚。笼子里面有 76 只脚，假如都是兔，那就只有 19 只，显然这不可能是答案。然后，依次减少一只兔，增加两只鸡去进行搜索。这样就可以比较快速地找到答案（8 只鸡，15 只兔）。

3. 思维定势

思维定势（set of thinking）是个体在先前的思维活动中形成的心理准备状态对后来同类思维活动的决定趋势。思维定势往往是由于重复某种思维活动而产生的，个体习惯于用某种方法去解决问题，碰到类似的问题时也采用同样的方法去解决，这就是思维定势。思维定势对问题解决可以起到促进作用，也有可能产生阻碍作用。究竟起到怎样的作用，要看所形成的思维定势与新的问题情境是否存在关键性的正关联，有就能起促进作用，没有就无法起促进作用，反而可能妨碍问题的解决。

4. 功能固着

功能固着（functional fixedness）是指日常生活中人们倾向于将某种功能固定地赋予某一物体，比如，筷子是用来夹饭菜的，钢笔是用来写字的……因而在解决问题时，它影响到我们能否变通地运用这些物体。个体思维的变通性、机智性以及对物体各种功能的了解、掌握情况都会影响到其能否变通物体的功能来使用物体。

5. 知识经验

人的知识经验在问题解决中起到了非常重要的，甚至是决定性的作用。知识经验可以帮助人们理解问题，形成正确的心理表征，缩小问题空间，指导搜索，提高问题解决的效率。专家就是专家，专家比新手解决问题的效率高，效果好，其根本原因就在于专家头脑中的知识结构比新手的知识结构完整。这一观点得到了著名心理学家和经济学家西蒙（Simon）等人的实验支持。西蒙等人主要考察了象棋专家与新手对某棋盘上棋子的某些特殊格局的记忆，发现专家与新手之间存在着明显的差异。实验的基本过程是这样的：①将具有 25 个棋子的国际象棋棋盘向专家和新手呈现 5 秒（5 秒能看清棋盘，但不能存入长时记忆）；②评价他们对棋盘布局的记忆情况。结果发现：当棋子按有意义的格局（象棋高手下到一半的真实棋盘布局）放置时，象棋大师能恢复 20 ~ 25 个棋子，而新手只能恢复 6 个左右。当棋子在棋盘上任意放置时，象棋大师和新手都只能恢复 6 个左右。因此，西蒙等人认为，专家享有的优势是知识的优势。象棋专家在记忆里储存了数以万计的有意义的棋局。这些储存的知识使他们更容易对棋盘布局的图案进行编码。

由此看来，专家型教师与新教师在教学效果和效率等方面的差异，也主要是由他们拥有的教师知识的量和质的差异所造成的。优良的教师知识结构是教师搞好教育教学工作的主要条件。关于教师知识的构成将在后面的章节中进行阐述。

另外，个体解决问题时的动机强度和情绪状态对问题解决也有显著影响。心理学的研究表明，如果是难度一般的问题，动机强度适中有利于问题解决；难度较大的问题，中等偏下的动机强度比较有利于问题的解决；而难度小的问题，中等偏强的动机能提高问题解决的效率。情绪唤醒的程度对问题解决的影响也有这样的规律。还有个性特征，如智力水平、气质和性格特点等也会影响到问题能否顺利解决。

概念形成、推理与决策、问题解决是人们经常进行的重要的思维形式。教师在教育教学过程中也经常要进行概念形成、推理与决策和问题解决等思维活动。因此，教师了解掌握好这些思维形式的性质、特点和影响因素是非常必要的。

第三节 创造性思维

人类社会的发展历史就是一个不断创造、推陈出新，从而日益进步、繁荣和发展的历史。而推动这一发展历史的力量是人的创造性。创造性（或者说创造力）是人类发展的元动力，也是根本动力。创造力的核心则是创造性思维。那么，什么是创造性思维呢？这有广义和狭义两方面的理解。

从广义上看，创造性思维是思维活动的高级过程，是在已有经验的基础上，通过多角度思维产生出新颖独特、有社会价值的产品的思维过程。从狭义上看，对某一具体的思维主体而言，凡是具有新颖的、独特意义的任何思维，都可称之为创造性思维。这种观点强调的是，新颖性、独特性是相对于某一具体的思维主体而言的，不一定是相对于全社会而言的。① 因此，广义的创造性思维是指有重大创造的创造性人才，如诺贝尔、爱因斯坦、比尔·盖茨，以及华盛顿和孙中山等，在研究发明、科技创新和社会革新的过程中所表现出来的，能产生新颖独特的、具有社会价值的理论、科技成果和观念等产品的思维。而狭义的创造性思维是指大多数人都可能有的，用自己以前没有用过的新颖的、独特的方式方法去解决问题的思维形式。一旦出现广义的创造性思维，往往可以对人类社会的活动产生巨大的推动作用，从而从根本上推动社会的前进和发展。而一般人要完成好普通的学习、工作任务，也要有所创造；我们既要考虑能否用新颖的、独特的方式方法去分析问题、解决问题，又要考虑是否能收到良好的效果。所以，每一个人都要有创造性思维。如此说来，创造性思维是如此重要，那么，它有什么特点？又有哪些个体心理因素会影

① 刘春雷，王敏，张庆林. 创造性思维的脑机制. 心理科学进展，2009，17（1）：106～111.

响其产生、变化和发展？我们又该如何来培养学生的创造性思维能力呢？下面我们就来探讨一下这几个问题。

一、创造性思维的特点

创造性思维不是某种具体的思维形式，各种不同的思维形式只要具有创造性思维的特点，就可以叫创造性思维，而且，它通常表现为多种思维形式的综合。综合众多对创造性思维有相当研究的专家学者的观点来看，创造性思维的特点主要有新颖与独特性、发散性、变通性、灵感以及创造性想象的参与。

（一）新颖与独特性

新颖与独特性是创造性思维最突出的特点。创造性思维在个体创造活动过程中发挥着关键性的作用，没有创造性思维就不会有创造活动。正因为创造性思维会产出新颖而又独特的思想观念、方式方法和产品，才会有人的创造力（也叫创造性）。举例来说，美国著名发明家、企业家、美国苹果公司联合创办人史蒂夫·乔布斯，于2003年4月28日推出iPod在线音乐商店，这一彻底改变音乐传播方式的创举中的思维，就是创造性思维，体现出了非常显著的新颖与独特性特点。所以说，新颖与独特性是创造性思维最突出的特点。

（二）发散性

思维的发散性也是创造性思维最显著的特点。个体在分析、解决某一具体问题时，如果思维方向单一、范围窄小，不会从多方向去考察问题，不会从宽广的范围发散性地去理解问题和探索问题答案，就谈不上用新颖的、独特的方法来解决问题，也就无所谓创造性思维。本章第一节谈到了发散性思维，这是创造性思维不可或缺的思维类型，也是创造性思维最显著的特征。当思维主体面对具体的问题时，能够围绕着问题的解决，朝不同的方向、不同的角度去思考、探索，就会产生多种解决问题的可能方法；新颖的、独特的方法才有可能出现。否则很难甚至是不可能产生新颖的、独特的方法。但是，发散性思维并不是创造性思维。有些人在探寻解决问题的方法时能从不同的角度去思考，思路开阔，方法很多，但想出来的方法未必是首创的，即使是首创的也未必就有价值，也就不能算是创造性思维了。

思维的发散性是创造性思维的最显著特点。但在此应当说明的是，发散思维不会单独地发挥作用，它要有聚合思维的“协同作战”才能发挥其应有的作用。只是思维的聚合性在创造性思维中所占的比例可能相对少一些。

（三）变通性

创造性思维的第三个显著特点是变通性。思维的变通性，也叫思维的灵活性，从实质上看，这是不按现成的思维方法去解决问题，而是开创新的思路、视角去解决问题的思维能力。这种思维能力与思维的发散能力是有所不同的，虽然在发散思维过程中可能有思维的变通，但并不是所有的发散思维都可以叫变通思维。只有当思维主体开创性地从新的方向、新的角度去分析问题、解决问题时的思维，才能叫变通思维，相应的能力也就是思维的变通性或者叫思维变通能力。

创造性思维的主体——创造者，如果缺乏思维的变通性，同样不会有创造。因为没有思维的变通，在原有方法解决不了问题的时候，问题解决者就可能会束手无策。就拿《三国志》中记载的我国历史上著名的曹冲称象的故事来说。当时孙权送给曹操一头大象，曹操想知道大象的重量，问遍了手下的人，他们都想不出称象的方法。这时曹冲灵机一动地说，只要把大象放进船里，记录水痕到达船身的位置，然后放其他物体到船里，使水痕到达船身同样的位置，再称出物体的重量，那么大象的重量也就知道了。曹冲这种称大象的方法就是思维变通的结果，这就是创造性思维的变通性。

发散性和变通性是创造性思维的显著特点，这两种特点是紧密联系在一起的：有发散才有可能变通；变通越多，发散也就越宽广。学校教育要鼓励学生进行发散思维、变通思维。有些学生解答课本上的问题得心应手，而碰到现实问题时解决起来却很困难，这可能就是思维的发散性差、变通性差。比如，笔者曾在给学生讲创造性思维的时候，让学生解答这样一个现实问题：

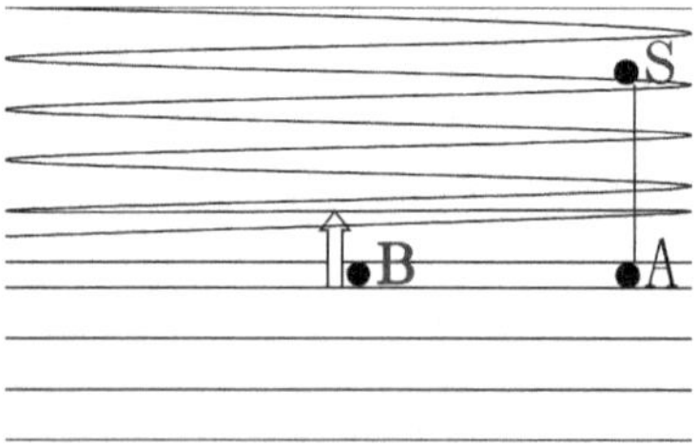

如右图所示，小明站在堤岸的 A 点处，正对他的 S 点有一艘游艇。小明左侧堤岸上有一电线杆 B，且小明所在的堤岸附近都是平坦的沙地，他想利用自己手中的绳子和尺子大概算出 A 点与 S 点的距离。小明能算出来吗？

结果有很多同学都不会做。这就说明他们的思维的发散性和变通性不太好。因为解决这样一个现实问题并不难，只要学生稍微把思维发散开来，在头脑中变通一下思维，就有办法利用绳子和尺子大概算出 A 点与 S 点的距离。

答案是这样的：小明可以先用绳子和尺子量出自己现在所在的位置 A 到电线杆 B 的距离。然后，在 AB 这一直线上，在电线杆 B 的左侧找出一个点 C，使 C 点到电线杆 B 的距离与 A 点到电线杆 B 的距离相等。

接下来，在平坦的沙地上，按照垂直 AC 这条直线的方向从 C 点开始走动。走到某一位置 D 点看电线杆 B 的时候，就看不到在河中 S 点位置的游艇了。量出 CD 的距离即是 A 点与 S 点的距离。如右图所示：

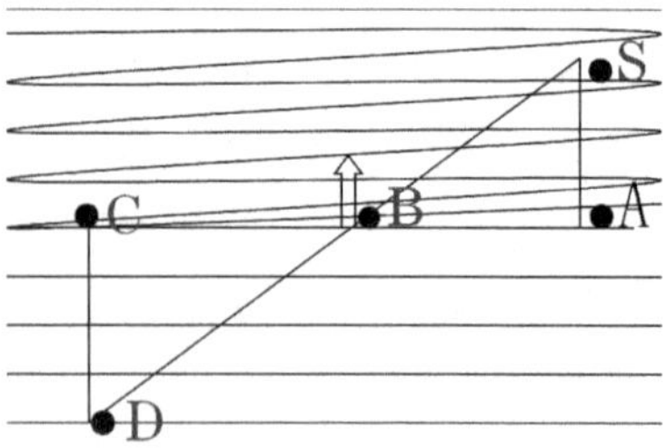

当然，这个问题也还有其他的解决办法。但是，如果面对这一问题的被试，没有思维的发散性和变通性，可能就找不到解决问题的办法。因此，要培养和发展学生的创造性思维，首先不能忽视培养和发展学生的思维的发散性和变通性。

（四）灵感

创造性思维是我们人类在创造过程中表现出来的高级的思

维，这不是一时半刻的思维，而是比较长时间的思维，从几小时到几天、几个月、几年甚至几十年不等。经过长时间艰辛的思考之后，创造者就有可能明了整个问题情境，并突然洞察到情境中的关键因素和实质性的关系，出现灵感现象，从而产生新形象、新概念、新思想、新方法等创造性思维成果。很多情况下，灵感是在创造个体暂停苦苦思索，进行看似与创造无关的活动中产生的。例如，1871年的圣诞节这天，爱迪生和玛丽的婚礼刚刚结束，爱迪生就腼腆地把脸贴近新娘，咬着她的耳朵悄声地说："亲爱的，我有点要紧的事要到厂里去一趟，待会儿一定准时回来陪你吃晚饭。"新娘一听，心里很不乐意，就纳闷：要吃晚饭了，一屋子客人要招呼，什么要紧的事，为什么偏偏要在这个时候办！这个想法还没说出口，爱迪生就告别了新娘，大步流星地走出门去，弄得满堂宾客莫名其妙。原来就在举行婚礼的时候，爱迪生的脑海里突然浮现出一个解决自动电报机的方案，这是他多少天来冥思苦想而一直未能解决的问题。他喜出望外，急于去做实验，就把新娘和来客扔下不管了。爱迪生在举行婚礼的时候，脑海里突然浮现出一个解决自动电报机的新方案的情况就是灵感。这是创造性思维的又一显著特点。

灵感的出现往往意想不到，有明显的爆发性和突然性，有偶然性和神秘感，但它也是艰巨的脑力劳动的结晶。爱迪生在结婚时喜获灵感，并不是他结婚大喜带来的结果，而是他长时间致力于创造性地解决自动电报机的方案，冥思苦想、绞尽脑汁的结果。灵感和艰巨的脑力劳动是分不开的，这一点教师要知道，更要让广大学生知道。

（五）创造性想象

想象是思维的特殊表现形式之一，是指人脑对原有表象进行加工改造而形成新形象的心理过程。创造性想象是指根据一定的目的和任务，不依据现成的描述，在人脑中独立地创造出某种新形象的心理过程。[1] 我们在分析问题、解决问题的过程中，语言和表象都是重要的媒介，有些问题借助语言可以解决，有些问题借助表象也可解决；有些问题的解决，则要同时借助语言和表象才能解决。我们在从事创造活动，进行创造性思维时，往往少不了表象这一媒介，也会有明显的创造性想象这一特殊而又高级的认知加工过程。应该说，在文艺创作、科学创造和技术发明等创造性思维活动中都普遍有创造性想象的参与。

二、影响创造性思维的个体心理因素

前面提到，创造性思维有广义与狭义之分，广义的创造性思维是少数人才有的，而狭义的创造性思维是大多数人都有的。这也就是说每个人的创造性思维是不同的，有的人有很强的创造性，有的人创造性一般，有的人创造性很弱，甚至有些人毫无创造性。那么，是什么心理因素导致个体的创造性不一样呢？这些因素主要有：

（一）智力

智力（intelligence）是一种一般的心理能力，包含推理、计划、问题解决、抽象思维、理解复杂思想、快速学习和从经验中学习的能力。[2] 我国当代著名心理学家林崇德教授认为，思维是智力的核心。[3] 由此来看，创造性思维作为人类创造过程中的复杂的、新颖而又独特的思维肯定会受到智力的影响，没有一定的智力水平是很难进行创造性思维的。一般来说，智力低下的人不可能有创造性思维，智力较高的人才有可能有创造性思维。但是，创造性思维不仅会受到智力的影响，而且还受制于其他多种个性心理因素。所以，即使一个人有很高的智商，其创造性思维

---

① 梁宁建. 心理学导论. 上海：上海教育出版社，2011.

② ［美］格里格（Gerrig，R. J.），津巴多（Zimbardo，P. G.）. 心理学与生活. 王垒，王甦等译. 北京：人民邮电出版社，2003.

③ 林崇德. 我的心理学观：聚焦思维结构的智力理论. 北京：商务印书馆，2008.

水平也不一定很高。个体的智力是影响其创造性思维的基本心理因素。

（二）幽默

幽默（humour）一词是英语音译词，即有趣或可笑而意味深长。[①] 显然，这是融趣味性与思想性为一体的心理与行为表现。这一表现能给人愉悦的感觉，甚至使人心情舒畅。但是，并非人人都有很好的幽默表现。个体要有幽默性，首先，情绪情感发展要健康并善于正确表达；其次，要善于思考并发现事物的意义所在；最后，要有一定的艺术性，能用艺术或准艺术的方式方法将情绪情感的表达和事物意义的表达恰当地融合在一起。因此，幽默性实为一种能力，是使活动有趣而又有意义的能力。

个体的幽默性越好，思维的发散性和变通性往往也越好，当然也就越有利于创造性思维的产生。事实上，很多极富创造性的科学家或政治家，也都是诙谐有趣的幽默大师。例如，伟大的科学家爱因斯坦就喜欢用充满幽默的情感和语调与人交谈。爱因斯坦曾为一对年轻朋友证婚。几年后，那对夫妇带着小儿子来看他。孩子看了一眼爱因斯坦就号啕大哭了起来，弄得这对夫妇很难为情。这时，幽默的爱因斯坦却摸着孩子的头高兴地说："你是第一个肯当面说出对我印象的人。"爱因斯坦这一幽默的表现，瞬间就化解了这对年轻夫妻的尴尬。还有，我们敬爱的周恩来总理也是这样一个谈笑风生、机智幽默的人。周总理有很多机智幽默的言行表现，其中有一个是众所周知的，就是在一次记者招待会上，周总理在介绍我国建设成就的时候，一个西方记者问："中国人民银行有多少资金?"这涉及国家机密，不可能直言相告。这时只见总理眉头一皱，很快便答道："有18元8角8分。"在场的人全都愕然。总理解释说："中国人民银行的货币面额为10元、5元、2元、1元、5角、2角、1角、5分、2分、1分，共十种主辅人民币，合计为18元8角8分。中国人民银行有全国

---

① 中国社会科学院语言研究所词典编辑室. 现代汉语词典（汉英双语）. 北京：外语教学与研究出版社，2002.

人民作后盾，信用卓著，实力雄厚，人民币是世界上最有信誉的一种货币。”话音刚落，全场就响起了热烈的掌声。总理有意回避问题的实质，以“总面额”替代“总金额”，于是机智地堵住了外国记者的口，又不损害招待会和谐的气氛。这就是周总理幽默的表现。因此，不管是从理论上分析，还是从创造性人物的现实表现上来分析，这都足以说明幽默性对创造性思维有积极的影响。

（三）联想能力

联想是一直备受心理学家关注的心理活动。例如，古希腊伟大的思想家、哲学家和科学家亚里士多德（Aristotle）就曾提出联想的三大定律，即相似律、对比律和接近律。那么什么是联想呢？联想（association）在词典中的解释是，由某人某事物想起另外相关的人或事物；由某概念而想起其他相关的概念。这是联想的一般解释，而心理学家更多的是从人的心理活动的取向来解释联想。例如，近代英国唯物主义哲学家霍布斯（Thomas Hobbes）就对人的联想做过很好的观察和研究，他认为思想或观念的前后相连，是受人的过去经验和主观欲望制约的；联想就是过去一些观念连续运动的结果。近代欧洲联想主义的倡导者，也是近代英国唯物论哲学家、政治家、经济学家和教育学家的洛克（John Locke）则认为，观念的联想有自然的联合和习得的联合两种，习惯是使观念联合的力量。而近代联想主义心理学的创建者哈特莱（David Hartley），则对联想进行了更全面和深入的研究，他指出联想的意义在于联合。不仅感觉和感觉、观念和观念之间可以形成联合，而且观念和动作，动作和动作之间也可以形成联合。一切心理现象都是联想作用的结果。按照哈特莱的这一观点，创造性思维也是联想的结果。这可能夸大了联想的作用。但我们应该看到联想对创造性思维的确有重要影响。有学者（Mednick，1962）就将个体的创造性、独创性视为远距离联想（remote associate）能力，创造过程是组合相互关联的元素，使之成为一个满足特定要求的新的联结，创造性就是那种在意义距离遥远、表面上看似不存在联系的事物之间建立新联结的能力。这一观点也得到了很多客观事实的支持，不少发明创造确实是创造者受到了某事物（或观念）的启发而想到可以发明创造出另一事物（或观念），于是就产生了发明和创造。例如，鲁班由两边都长有许多小细齿的、能划破手指的野草，联想到可以制造出有很多小齿的金属片来切割树木，从而发明了锯子。美国的莱特兄弟能发明飞机，其原因之一也是他们有很强的联想能力。在发明、制造飞机之前，他们已制造了多架依靠风力飞行的滑翔机。兄弟俩不满足于依靠风力飞行的滑翔机，曾苦苦思索用什么动力把庞大的滑翔机和人运到空中。有一天，他们自己开的自行车商店门前停了一辆汽车，汽车司机向他们借了一把工具来修理汽车的发动机。经由汽车司机借工具修理汽车发动机这一启发，弟兄俩灵机一动，看能不能用汽车的发动机来推动滑翔机的飞行。从这以后，弟兄俩围绕这一设想开动脑筋并寻求汽车发动机制造商的支持。经过多年的研究设计、制造试飞，莱特兄弟终于研制出适于把庞大的滑翔机和人运到空中的飞机发动机，并在 1903 年 12 月试飞成功，这是人类历史上第一次驾驶飞机飞行成功。莱特兄弟的灵机一动，实质上是联想心理活动，是由汽车的发动机想到研制滑翔机的发动机，是他们的联想促成了飞机的发明。所以，联想这一心理活动在我们获取知识、运用知识和创造知识的过程中发挥着非常重要的作用，联想能力是创造性思维的重要促进因素。因此，学校的教育教学理应重视培养和发展学生的联想能力。

（四）情绪

当代心理学将情绪（emotion）界定为一种躯体和精神上的复杂的变化模式，包括生理唤醒、感觉、认知过程以及行为反应，这些是个人知觉到的独特处境的反应。也就是说，情绪包括生理、认知、内心体验和行为等多方面的变化。而认知在情绪过程中有决定性作用，即是说，我们的情绪，不管是正情绪，如开心愉快，还是负情绪，如忧愁哀伤，都不是由我们的生活事件造成的，而是由我们对生活事件的态度和认识所造成的。我们的情绪由认知而变，而情绪的变化又会影响我们的认知。个体有什么样的情绪是受个体对自身独特处境的认知评价影响的，而由此产生的情绪又对个体的注意和认知有重要的影响。因此，创造性思维作为特殊的、高级的而又富有价值的认知活动，受情绪的影响是很自然的事。有不少研究都表明，情绪状态会影响创造力等认知活动；[①] 愉快的情绪会产生效率更高、更富创造性的想法和问题解决方式。[②] 但如果个体思虑太多，思维不会变通，只晓得按某一方向去思考问题，不会从其他方面来分析问题、解决问题，那么也就无所谓创造；个体心境不佳，分析思考问题时顾虑重重，也很难想出独特的、新颖的方法来。因此，积极乐观的生活态度和良好的情绪能促进创造性思维的产生；反之，消极悲观和不良的情绪会妨碍创造性思维的产生。

三、学生创造性思维的培养

近代中国思想启蒙者、资产阶级改良主义政治家、学者、戊戌变法运动领袖之一的梁启超，在其政论散文《少年中国说》中说道："少年智则国智，少年富则国富，少年强则国强，少年独立则国独立，少年自由则国自由，少年进步则国进步，少年胜于欧洲则国胜于欧洲，少年雄于地球则国雄于地球。"由此可见梁启超对国家未来的前瞻性、关键性的思考。这一深邃的观点也反映了他对国家未来的根本看法和远见卓识。

的确，少年是强国富民的根本力量。任何一个关注国家发展的公民恐怕对此都是没有异议的。不过，我们要知道，智的核心

---

① Forgas, J. P.. Mood and judgment: The affect infusion mode (AIM). *Psychological Bulletin*, 1995 (117): pp. 39 – 66; Forgas, J. P.. *Feeling and Thinking*: *The Role of Affect in Social Cognition*. New York: Cambridge University Press, 2000.

② Estrada, C. A., Isen, A. M. & Young, M. J.. Positive affect improves creative problem solving and influences reported source of practice satisfaction in physicians. *Motivation and Emotion*, 1994 (18): pp. 285 – 299.

是创造性思维，要让少年智，就不能不着力培养和发展少年的创造性思维。培养和造就一大批富有创造性思维的学生关系到国家未来发展，也是学校的重要教育教学任务。那么，学校教育在这方面该做些什么呢？

基于前面对影响创造性思维的个体心理因素的分析，以及从创造性思维作为人的心理系统的重要心理活动来看，学校可做如下努力来促进学生创造性思维的发展：

（一）教会学生思维，培养学生良好的思维品质

创造性思维首先是一种思维，不会思维或思维品质不好的人，不会有创造性思维。试想，一个一碰到问题就束手无策，不知如何去分析问题、解决问题的人，会有创造性思维吗？肯定不会。思维品质不好，比如，思维狭窄、肤浅，缺乏批判性；或者观察分析问题时要么只见森林，不见树木，要么反过来，只见树木，不见森林等都不会出现创造性思维。因此，不管是数学教师、物理教师，还是思想品德课的教师，抑或是语文教师、艺体类科目的教师，在确定教学目标时，都不能忽视学生思维发展这一教学目标。当然，这并不是说教师给学生所上的每一节课，都要让学生的思维有一个明显的提高，而是要求教师给学生所上的每一节课都能结合具体的教学内容，给学生的思维发展予以积极的影响。这就要求教师在指导学生学习具体的知识、技能时，要帮助学生全面地、合理地分析其构成成分，正确地比较各构成成分之间以及现在所学的知识、技能与其他相关知识、技能之间的异同，进而抽象和概括出知识、技能的实质或客观规律来。这样才能促进学生思维的发展，使学生逐渐形成良好的思维品质。

（二）鼓励学生发散思维，保护其好奇心

创造性思维的显著特点是思维的发散性，即发散性思维。一个不会发散思维或不敢进行发散思维的人是不可能有创造性思维的。不管什么学科的教师，在教学过程中都要鼓励、引导学生进行发散思维。如果教师缺乏这方面的认识，其教学就可能有意或无意地束缚了学生的思维发展。这就不利于，甚至会阻碍学生的创造性思维发展。鼓励学生发散思维，保护其好奇心，就是要鼓励学生在分析问题、解决问题时进行多角度的分析和思考；不要把学生的奇思异想看成是毫无意义的奇谈怪论，而是要根据实际情况加以引导，保护他们的好奇心。应该说，有个别教师在这方面做得非常不好，在教学上只许学生朝一个方向去思考，明显可有多种答案的问题，却只认可一个所谓的标准答案。这就对学生的发散思维有了无端的限制，甚至会因此而扼杀了他们的发散思维。例如，一份小学五年级语文测验的卷子中有一道题是这样的：小鸟病了，猫化装成医生想去吃掉小鸟。小鸟发现了猫露在白口罩外边的胡子，识破了猫的伪装，猫只得扫兴而归。就此要求写出本文的主题思想。有一位学生这样写道："想要达到目的，应该努力把事情做仔细。"该生的科任老师认为这一回答错了，打了个大红"×"，评为零分，而且在评阅中只认唯一的主题——"不要被别人的花言巧语所欺骗，要善于识别敌人的伪装"。显然，这位老师根本没有考虑到学生的回答虽然不是这篇童话故事的主题思想，但也是有其道理的，而且还是求异思维的萌芽。从某个角度看，这也是创造性的回答。学生的这种发散性思维结果遭到老师的完全否定，就好像刚刚破土而出的嫩芽遭遇了灾难性的冰雹，使学生尚处萌芽状态的发散性思维被砸死了。如此一来，学生怎么会有发散性思维，怎么会有创造性思维呢？这样培养出来的学生恐怕连独立思考的勇气都不会有了，而且日后也不可能创造性地工作。要知道，学校要培养和发展学生的创造性思维，教师就要在教育教学过程中积极鼓励类似这个学生这样的发散思维、求异思维，而不能像他的语文老师那样把学生的求异思维、发散思维扼杀掉。好思维跟好行为一样，不是一朝一夕就能形成的，是要经常鼓励和强化才能稳定下来、发展起来的。

另外，思维的发散性与人的好奇心有一定的联系，人的好奇心越强烈，就越有可能进行发散思维；经常进行发散思维的人，也往往对事物有越强烈的好奇心。保护学生的好奇心，也是在鼓励学生的发散思维。因此，教师在教育教学过程中，对孩子们的奇思异想不能一概否定，在很多情况下，更重要的是要加以保护。这样才能更好地促进学生创造性思维的发展。

（三）鼓励联想，发展想象力

前面提到，联想与创造是分不开的。鼓励学生自主自由地联想，即就某一物、某一事、某一问题或某一观点等，进行自由的发挥并做出反应，可以激发学生的创造性想象力，进而促进他们的创造性思维的发展。鼓励学生进行联想并不难，各级各类学校在各门课程的教学过程中都有条件鼓励学生进行联想。例如，在历史课堂教学中向学生介绍中国古代的“四大发明”时，就可以问学生：“由‘四大发明’中的印刷术，同学们能想到些什么呢?”同学们可能就会展开自由的联想，想到复印机、打印机、扫描仪、照相机，甚至功能性磁共振成像技术等。又比如，在动物学中讲到身体细长、有鳞而没有四肢的蛇时，也可以问：“同学们，由蛇我们能想到什么呢?”同学们可能就会想到黄鳝、坦克、列车，甚至飞机、潜艇等，而且也可能有学生提出这样的问题，有没有像蛇一样的机动车呢？如果没有，我们能否发明创造出像蛇一样的机动车来呢……类似这样鼓励学生联想的提问，很有可能就会成为催化其创造发明的催化剂。有些学生可能就是因为教师有意识在课堂上进行这样的催化，使其在日后发展成为发明家、创造家等有益于社会的人。因此，在课堂教学中鼓励学生联想是不难的事情，也几乎不需要昂贵的教学设备，而这一鼓励却可以激活学生的思维，培养和发展学生的创造性想象力。

（四）培养学生的良好个性

任何伟大的发明创造都是人主动积极学习和工作的结果。具体来说，是人主动积极地思维，进行创造性思维的结果。有良好个性的人才有可能主动积极地学习和工作，也才有可能进行创造性的思维。这是因为情绪稳定，悦纳自己，对人热情、友好，乐于助人，追求真、善、美，工作认真、细致，责任心强，有独立自主精神和能力，敢于质疑常规，勇于打破不好的常规，有丰富的想象力等是大多数创造性思维者都具备的良好的个性品质。而且，前面也谈到，幽默感和情绪对创造性思维有重要的影响。而良好的幽默感和情绪表现本身就是良好个性的体现。因此，学校要培养和发展学生的创造性思维，也应该重视培养学生的良好个性。当然，学生良好个性的培养，学校教育只是力量的一部分，此外它还有赖于社会、家庭和学生个人等多方面的努力。但是，学校教育对学生个性有重要的影响是显而易见的。首先，教师自身要加强修养，追求真、善、美，追求高层次的需要，热爱社会和生活，珍视生命。这样，才能给学生的个性发展以积极的影响。其次，一所学校有良好的校园文化，就犹如一口有充足氧气、水质优良的池塘能养殖出健康而又鲜嫩可口的鱼儿一样，它能陶冶学生的情操，培养出有良好个性的学生来。再次，学校各学科的教学内容中蕴含有丰富的对学生个性发展有积极作用的因素，教师可以在教学中结合知识、技能的教学引导学生个性的发展。除此以外，在教师的指导下，学生自己组织开展的各种集体活动也能很好地促进学生良好个性的发展。所以，学校教育可以而且应该通过培养学生的良好个性来促进学生创造性思维的发展。

为了更好地培养和发展学生的创造性思维，世界上享有盛名的创造力研究专家、美国心理学家 E. P. 托兰斯向教师提出了五条建议。笔者就以这五条建议作为本章的结束语。这五条建议分别是：

（1）尊重学生提出的任何幼稚甚至是荒唐的问题；

（2）欣赏学生表达的具有想象力与创造性的观念；

（3）多夸奖学生提出的意见；

（4）避免对学生所做的事情给予否定的价值判断；

（5）对学生的意见有所批评时请解释理由。

第二章　教师思维

教师作为教学有效性的决定性因素，一直都是教育教学研究的重要对象。在教师研究方面，经历了从重视教师个性的研究到重视教师行为的研究，再发展到现在重在探讨教师可观察的教学行为背后的认知活动，特别是思维活动及其规律的研究取向的变化。这一变化，将教师研究的重点聚焦于教师的思维，将更有效地促进教师专业化的发展，提升教学的有效性。因为，人类的任何活动都少不了思维，即使动物的活动也有简单的、原始的思维参与，学校的教育教学活动更是少不了教师的思维。教师不思而教，无异于没教；照搬他人教案，生硬模仿他人教学风格，不因时因地因人而调整教学内容和教学方式的情况，都不是真正的教学。因为，教学不是教师简单的知识传递、信息告知、技能表演，也不是教师突发奇想地奇谈怪论或空洞说教，更不是和尚念经式地照本宣科。教学是教师有目的、有计划、有系统地引导学生积极主动地建构知识与经验，让其获得充分、健康发展的过程。这个过程对师生双方而言，都是一种积极主动的、复杂的思维过程。而且，这个以师生为主体的教学活动是在一定的心理背景下展开的。美国学者克拉克（Christopher M. Clark）和彼得斯（Penelope L. Peterson）认为，这一心理背景（psychological context of teaching）主要就是教师的思维、计划和决策等。正是在这一背景下，教师讲授和解释课程内容，并让学生去领会和掌握。因此，教师的教学行为从根本上看，是受其内部的教学思维所制约和支配的。教师的教学思维过程决定了其教学行为。因此，要了解教师，认识教师，促进教师专业化，提高教学的有效性，就不能不研究教师思维。那么，什么是教师思维？教师思维的形式、内容与特点是怎样的？教师思维对学生的影响如何？本章将重点探讨这些问题。

第一节 教师思维概述

一、什么是教师思维

教师思维之所以能得到专家学者们的高度重视并成为教师研究的焦点，主要得益于认知心理学的迅猛发展。伴随着 20 世纪 70 年代以来认知心理学的兴盛，人们发现教师头脑内部的复杂的认知加工过程对其教学有着重要影响，认为“教学是一种复杂的认知活动”，也是“高度理性的活动（highly rational activity）”（Rob Halkes & John K. Olson，1984）。值得一提的是，为促进全球教育研究人员积极探讨和研究教师思维和教师决策，并加强彼此之间的沟通和交流，1985 年，在荷兰的蒂尔堡大学（Tilburg University）成立了“国际教师思维研究协会”（the International Study Association on Teacher Thinking）。这一协会的成立极大地推动了对教师思维过程的研究，此后国内外有关教师思维的研究成果也越来越多。然而尽管如此，关于教师思维，目前还没有统一的定义，综合现有的对这一概念的各种解释，可以认为，大凡关于教师可观察行为背后的内部加工过程的研究都可以看成是对教师思维的研究。在教师思维视角下的教师研究者，有的把教师看成是决策者（decision-maker）（Slavelson，1976）；有的把教师看成是假设检验者（hypothesis-tester）（Coladarci，1959）；有的把教师看成是信息加工人员（information-processor）（Stolurow，1965）；有的把教师看成是问题解决者（problem-solver）（Turner，1964；Fattu，1965）；也有的把教师看成是计划人员（planner）（Clark & Yinger，1978）。不管是决策、假设检验、信息加工、问题解决或者是计划，都是思维。由此看来，教师首先应该是善于思考的人。

在国内，更多的是以能力去考察教师思维。比如，张学民、林崇德、申继亮等学者就把教师思维看成是一种能力，认为教师思维是教师在对课堂信息知觉加工的基础上，对课堂信息与学科教学内容进行计划、组织、决策、实施与反馈调节的过程，是教师解决课堂教学问题的重要认知能力。教师课堂信息加工能力发展的实质是课堂教学问题解决能力的提高。教学思维是一种基于教师个人的教学信念、问题视角、课程和学生知识，在课堂实践活动中作出判断、推理和决策的思维方式。教学判断能力、推理能力和决策能力是教学思维中重要且复杂的部分，是教师解决教学问题的基础。著名教育家顾明远教授则认为，教师的思维能力既不是知识，也不是技能，但它支配着教师的一切行为，是属于更高层次的能力，而且是不可或缺的（顾明远，1994）。

综合上述各种观点和解释，如果把教师思维看作名词，那么它是一种能力，即教师思维能力；如果把教师思维看成动词，那么它是一个复杂的思维过程。不管读者是将教师思维看成名词还是动词，教师思维研究的重要意义都是显而易见的。深入研究教师复杂的思维过程可以使我们更好地认识教师的教学行为是如何产生、发展和变化的，又是如何影响学生的学习和发展的。因此，本书把教师思维看作动词来解读和探讨。那么，教师思维作为复杂的认知加工过程包括了哪些认知加工形式呢？这就得先考察一下教师在教学过程中要思考些什么，要解决什么问题。笔者认为，在一个完整的教学过程中，教师要通过头脑内部复杂的思维活动，思考并解决如下几个问题：

第一，对构成教学活动的各种要素（主要是教师、学生、教科书和教学大纲）及其相互关系的分析；

第二，确定教学目标；

第三，选择教学组织形式和方法；

第四，计划和安排好整个教学活动；

第五，在教学过程中及时发现、分析和解决问题；

第六，实施与监控教学活动；

第七，评估与反思教学活动。

基于这些思考和前述相关研究，可以将教师思维定义为：教师在分析思考、综合考察各种教学构成要素的基础上确定教学目标，并围绕教学目标的实现进行推理、计划、判断、决策、评估和反思的头脑内部复杂的认知加工过程。

二、教师思维的特点

除具有一般思维的特点外，教师思维由于教育教学工作的特殊性，又具自身的独特性。教师思维的主要特点有：

（一）高度综合性

教师在教学的全过程中要综合考虑课堂内外各种可能影响教学的因素。这些因素包括课程的具体内容与性质，学生的知识基础、能力、兴趣、学习动机等；政府的教育行政管理，学校的行政管理；教师所处社会的政治、经济和文化背景；可选择使用的教学方法，可利用的教学资源；以及评判学生成绩的工具、方法和技术等等。教师在计划、判断和决策等思维活动中，应全面地综合思考这些因素。教师在这方面的分析综合水平越高，其教学决策、判断、计划、实施、评估与反思的质量就会越高，教学效果就会越好。如果教师对可能影响教学的因素考虑不全面，或者虽然全面但分析综合水平不高，也不可能产生良好的教学效果。有研究（Borko & Livingston，1990）发现，中学数学和科学的专家型教师之所以能比新手教师更快、更有效地制订教学计划，是因为他们能从现存的（信息）提要（schemata）中综合信息，以适应特定的教学。据此可推知，综合能力是教师的重要教学能力，它会影响教学的有效性，同时它也是专家型教师的高水平教学思维的重要体现。因此，高度综合性是教师思维的重要特点。

（二）探赜与甄别性

钻研教材，深入分析教材，透彻理解和掌握教材是教师的基本思维活动。教材内容是系统的知识经验，是人类的认识成果，蕴含深奥的道理，因此需要教师对其进行深入的探讨，切实弄清楚其中的道理。学生的成长发展有其自身规律，有一般性的共同规律，也有不同特点的学生的特殊发展和成长规律；教师同样要通过深入的研究和探讨去掌握自己所教学生的成长发展规律。因此，教师对深奥道理的探讨，即探赜，是教师思维的显著特点。

另外，教师在进行教学设计时，要确定教学目标，选择教学方法。不管是确定教学目标还是选择教学方法，都不是简单的思维活动，这是一个辨别优劣的甄别过程，有明显的甄别性。已有研究（Berliner & Carter，1989）发现，专家型教师比新教师更能发现某一教学任务的重要特点。因此，教师思维具有探赜与甄别性。

（三）洞察与诊断性

前面提到，教师思维作为一种能力，是教师解决课堂教学问题的重要认知能力。教师思维的过程从实质上看是教师解决“如何教”的问题。教师在整个教学思考过程中都要洞察问题和诊断问题。教师在上课前的准备、计划过程中要确定教学目标，这是一个回答和解决教给学生什么的问题；要明确教学的重点和难点，这是一个回答和解决教学的重点是什么，教学的难点又在哪里的问题；要把握教学的关键，这是一个发现和寻找教学的关键环节在哪里的问题。所有这些问题的回答和解决都要求教师要有洞察力和诊断力。

在教学过程中，学生作为一个积极的思维者，其知识建构、技能习得和能力发展，从实质上看也是一个问题解决的过程。这是因为学生只有解决好了在学习过程中所碰到的问题之后才会有所获、有所长。但是，并非所有学生都能顺利解决好自己所面对的问题，搞不清楚自己所碰到的问题是怎样一种问题的学生恐怕也不是少数。这就要求教师能洞察学生在学习过程中出现的各种问题，并帮助他们解决好问题。因此，从学生学习的角度来看，也要求教师有洞察力和诊断力。

再进一步来看，整个课堂教学环境是一个动态变化的环境，是不断出现各种问题和变化的复杂环境，这要求教师在课堂教学过程中要善于洞察各种问题，并诊断其实质。所以，有学者认为，教学跟医生诊断病人的病情，棋手进行比赛是很相似的（Gaea Leinhardt & James G. Greeno，1986）。舒尔曼（Shulman，1984）甚至认为教师在课堂教学中面对的复杂任务比医生的临床诊断还要复杂。此外，教师在课后的评估与反思过程中仍然要去洞察问题和诊断问题。如果教师评估与反思教学发现不了问题，那么就不可能有客观真实的有效评估，也谈不上对以后教学的改进。

综上分析，教师要像医生、棋手等专业技术人员一样具有良好的洞察力和诊断力，教师思维有洞察与诊断性，因此教师要有教学问题意识。

（四）推理与决策性

教师在教学中的所有表现，包括一言一行都是决策的结果。因为，对某一特定的教学内容，学生学些什么，怎么学，要实现的目标是什么，都是教师自己确定和选择的，即是教师自己决策的结果。教师的这一决策又是其科学合理的推理结果。有研究（Berliner & Carter，1989）发现，专家型教师比新手教师在教学过程中做了更多的“如果—那么（if - then）”这种推理活动。由此看来，推理与决策是专家型教师经常性的认知加工活动。在整个教学过程中，教师都要作出大量的推理与决策。仅在课堂教学中，教师就要频繁地进行推理和决策，平均每隔两分钟就会出现需要教师根据即时的教学情况作出一个教学互动决策的情境（teachers encounter decision situations at two minute intervals while teaching. Clark & Peterson，1986）。因此，推理与决策性是教师思维的又一显著特点。

（五）评估与反思性

教师思维也是评估与反思性的思维，教师在整个教学思维过程中都要进行评估与反思。在制订教学计划的过程中，要对所确定的教学目标的合理性、恰当性进行评估和反思；要对拟用教学组织形式和方法的可行性和适用性进行评估和反思；要对各教学环节的安排的条理性、连贯性和逻辑性进行评估和反思；要对拟向学生提出的问题的难度、价值性和思考性进行评估和反思。在课堂教学活动中，要对自己的即时教学表现，学生的反应和师生互动的效果等进行评估和反思；在课堂教学结束后，要对教学计划的执行情况、效率和效果，课堂教学总体布局情况等进行评估与反思。而且，课后的评估和反思是教师进一步提高教学质量必不可少的思维形式。通过分析和评估教学成功与失败的方面、值得肯定的有益做法、应当吸取的教训等，可以提高教师自身的教学思维能力。所以，教师思维也是评估与反思性的思维。

综上所述，教师思维除具有一般思维的特点，如间接性和概括性等特点以外，还有由教学活动的内容和性质等所决定的高度综合性、探赜与甄别性、洞察与诊断性、推理与决策性、评估与反思性等特点。

第二节　教师思维对学生的影响

教师劳动主要是复杂的教学认知加工活动，其核心和关键是教师思维。教师劳动对学生的影响也就主要体现为教师思维对学生的影响。伊莱恩·马丁（Elaine Martin）教授指出，在决定学生如何学习方面，教师的意图和打算比教师知道多少有更大的影响作用。也有学者这样形象生动地描述教师思维对学生的影响：善于思考、有思想的教师（thoughtful teachers），在教学过程中能让学生“听到”他们的思想，以使学生不仅学会如何解决问题，也能学会如何去检查和纠正错误。所以，教师劳动对学生的影响主要就是通过教师的思维去实现的。教师思维会影响学生对知识、技能的领会掌握，会影响学生能力特别是思维能力的发展，会影响学生人格等各方面的发展。

一、教师思维影响着学生掌握知识、技能的质与量

知识是抽象的，但又是客观存在的，是人们在社会实践活动

中获得的对客观事物的认识。这是对知识的一般理解。而心理学家通常把知识看成是人脑对客观事物的主观表征。[①] 用“知识”表示“信息在记忆中的存储、整合和组织”。信息来源于感觉，但信息本身不等于知识。知识是经过组织的信息，是结构化信息网络或系统的一部分。在某种意义上，知识就是被领悟的信息。[②] 据此可知，我们学习掌握知识不是机械地把来源于感觉的信息生吞活剥地塞进大脑，而是通过学习主体积极主动的思考去整合和组织感觉信息，实现对信息的领悟。学生整合、组织感觉信息的方式方法以及对感觉信息的领悟和理解程度，是深受教师思维影响的。

首先，教师对教学内容的理解和把握在一定程度上决定了学生所获得的感觉信息的质量。课堂教学的主要内容是课本上的知识信息，是学生尚未领悟的感觉信息，这些信息有些是结构性的、有意义的符号，有些是具体的事实，有些是抽象的概念等。教师在教学准备过程中不但要充分理解和掌握教学内容，而且要结合学生的特点分析研究：将要呈现给学生的知识信息对学生而言会是怎样一种感觉信息？是清晰具体的还是模糊抽象的？是易于领悟的还是费解难懂的……所有这些问题，如果教师在教学准备的过程中没有很好地思考，那么就不利于学生获得良好的感觉信息。

其次，教师的教学决策在很大程度上决定了学生能学习到什么，并影响到学生整合和组织感觉信息的具体过程。这是因为，对于特定的教学内容，具体的教学目标是教师个人教学决策的结果；以何种形式、通过何种途径让学生去感知教材信息，用什么方法去启迪学生整合和组织这些信息等，也都是由教师自己决定的。对学生在整合和组织这些信息的过程中可能出现哪些问题，以及该如何来解决这些问题等的预估也是教师思维的结果。再就

① 彭聃龄．普通心理学．北京：北京师范大学出版社，2001．

② ［美］罗伯特·L．索尔所等．认知心理学（第7版）．邵志芳等译．上海：上海人民出版社，2008．

是，在具体的课堂教学中，师生之间的即时互动往往也是由教师去“主演”的。而所有这些方面的教学决策都将决定学生能学习到什么，并影响到学生整合和组织感觉信息的具体过程。所以，教师思维直接影响了学生对知识的掌握。

学生对技能的掌握同样受教师思维的影响。技能，一般是指动作技能，是指通过练习而形成的一定的动作方式。人在开始掌握一种技能之前，首先要有掌握这种技能的动机，学习与它有关的知识，在头脑中形成这种技能的最一般的、最粗略的表象。① 因此，技能虽然是通过科学的练习而获得的，但也是以掌握一定的知识为基础的。所以，教师思维既然会影响学生对知识的掌握，也就肯定会影响学生对技能的掌握。

二、教师思维是学生能力发展的重要催化剂

影响学生能力发展的因素有遗传因素、家庭环境、学校教育、社会环境和学生个人的社会实践等。在所有这些因素中，学校教育对学生能力发展的影响是最大的。我国当代著名心理学家、北京师范大学林崇德教授就明确指出：“学校教学是一个智育的过程，教学的主要目的，在于传授知识的同时，灵活地去发展学生的智力，培养他们的能力。……教学是一个智育的过程而不是“知育”的过程。学校教育对学生的感知能力、记忆力的发展，概念形成以及其他认知技能的发展都有重要的影响作用。”② 但是，这一重要影响作用显然不是来自学校的物质环境，也不是来自教师个人的仪表，而是源自于教师的思维。教师是通过自己的思维影响着学生的知识建构、技能掌握和能力发展的。受教师思维牵制的“教的方式”对学生的能力发展有重要的影响。教师高品质的思维不但有利于学生掌握知识和技能，而且也能使学生在教师高品质思维的启发、指导下充分发展自己的能力。相反，

---

① 彭聃龄．普通心理学．北京：北京师范大学出版社，2001．

② 林崇德．我的心理学观——聚集思维结构的智力理论．北京：商务印书馆，2008．

教师思维品质低劣则不利于学生掌握知识和技能，甚至有碍学生能力的发展。特别是学生能力的发展，不能没有教师的正确催化。学生的各种能力，尤其是一般性的能力，如记忆力、观察力、思维能力等的发展和提高都不能没有教师的启迪和点醒。教师的教学思维在使学生能力的发展由可能性转变为现实性方面起到了催化剂的作用。

因此，教师要通过自己的教学，让学生既掌握好知识、技能，又获得能力的发展。而教师要兼顾好这两大教学任务，不仅要精通所教学科的知识，而且要很好地思考以怎样的方式将自己所掌握的知识和技能传授给学生。对特定的教学内容和特定的学生，教给学生的不是简单的呈现和“移植”，而是要根据这一特定的教学内容和特定的学生的实际情况，仔细地思考具体教给学生什么东西是最有价值的？如何去教对学生的发展帮助最大？

三、教师思维是学生人格发展的路灯

在现实生活中人们经常用到“人格”这个词，提到某一个人，可能就会问，这人的人格怎么样？人们之所以会看重人格，是因为人格有评价意义，是稳定的个性心理，对人的各个方面都有重要影响。个体高尚的人格可以“助己”主动适应环境，“正确引领”自己主动发展，走向成功，也可以帮助自己打开幸福之窗，探寻幸福之本，使自己舒心地学习、生活和工作，使自己真正感受到生活的乐趣、人生的美好和幸福。反之，个体低劣的人格会“碍己”适应环境，“束缚”自我发展，甚至会“断送”自己眼前的幸福，降低自己的幸福感受。因此，学校教育在让学生掌握好知识、技能、发展能力的同时，还有一个重要任务——培养和发展学生的高尚人格。那么，什么是人格？在学校教育环境中，又是什么因素在引导着学生的人格发展呢？

我国著名心理学家黄希庭教授认为，人格（personality）是一个人的才智、情绪、愿望、价值观和习惯的行为方式的有机整合，它赋予个人适应环境的独特模式，这种知、情、意、行的复

杂组织是遗传与环境交互作用的结果，包含着一个受过去影响的对现在和将来的建构。[1] 因此，人格有着丰富的内涵，凡是一个人稳定的、独有的认知品质、情绪情感品质、需要、动机、价值观念等等都可以看成是某人的人格构成因素。从黄希庭教授的这一人格定义来看，人格是遗传与环境交互作用的结果；不同人格的人适应环境的方式方法是不一样的。这也是心理学家们比较一致的看法。不过，我们应当看到，人是主动适应环境的，人是在遗传的基础上主动与环境进行交互作用的过程中形成人格的。在这个过程中，人对环境的认知起到了决定作用。因为，“对人起作用的并不是事物本身，而是人们对事物的看法”。[2]所以，学生对事物的看法是制约学生人格发展的关键因素，这一关键因素深受教师思维的影响。教师思维借助教学活动影响着学生对世间万物的认知。学生的世界观、人生观、理想和信念等，都受到了教师思维的影响。教师思维就像漆黑晚上的路灯，照亮着黑暗中行走的路人一样，照亮了学生人格发展的方向。从这一视角来看，“教师是人类灵魂的工程师”这一观点是有心理学依据的。

因此，教师是通过自己的思维影响学生的学习和发展的，教师思维影响着学生掌握知识、技能的质与量，是学生能力发展的催化剂，也是学生人格发展的路灯。

---

① 黄希庭．心理学导论．北京：人民教育出版社，2007.

② ［英］朱莉娅·贝里曼，戴维·哈格里夫，凯文·霍维尔等．心理学与你．武跃国，武国城译．北京：北京大学出版社，2000.

第三章　教师的教学计划与决策

人之所以能成为万物之灵，相对于其他动物而言的一个最特殊的方面是：人是善于思考的，具有高度智慧的“最特殊、最高等的动物”。计划与决策是人类普遍的、基本的思维活动。我们的任何工作都需要计划与决策，学校的教育教学工作同样不能没有计划与决策。对课堂信息与学科教学内容进行计划与决策是教师最基本的教学思维活动。它既是教师教学的基础性工作，也是教师优质、高效完成教学任务必不可少的工作。教学计划与决策，即教学计划与教学决策，这两种教学思维形式是紧密结合在一起的。教师在教学计划过程中要进行大量的教学决策，如果没有科学的、合理的教学决策就不会有切实可行的、良好的教学计划。不过，教学计划与教学决策还是有所不同的，下面将两者分开来探讨。

第一节　教师的教学计划

一、什么是教学计划

（一）教学计划的含义

计划是行动前预先拟定的行动内容、目标、办法、步骤等，也是考虑的意思。[①] 前者将计划看成是思维的结果，后者将计划看成是一个思维的过程。由此推理，教师的教学计划也有两方面的含义，一是指教师通过严密的思维进行教学计划而形成的静态形式的教学计划（通常称为教案）。从这个角度来看，教师的教学计划就是教师在实施教学活动前预先拟定的教学活动的内容、目标、方法、步骤和时间的安排等。二是指教师进行教学计划的这一思维过程本身。在这一过程中，教师要思考教学想达到的目标是什么，教学活动的内容有哪些，用什么方法来安排这些教学内容，先后顺序应该是怎样的，时间又该如何来分配等具体的教学问题。从这方面来看，教师的教学计划是严密的分析和决策过程。

因此，教学计划有两方面的含义，一是指思维成果，即静态形式的教学计划（通常称为教案）；二是指教学计划这一思维过程本身。

（二）教学计划的分类

按教学计划的时间长短来划分，可分为学年教学计划、学期教学计划、单元教学计划和课堂教学计划。专家学者们研究探讨最多的是课堂教学计划。

有学者认为，制订与实施课堂教学计划的完整过程包括三个阶段：前动阶段（教学之前）、互动阶段（教学进行中）和后动

---

① 商务印书馆辞书研究中心．新华词典．修订版．北京：商务印书馆，2001．

阶段（教学之后）。[①] 制订教学计划的过程，大多发生在前动阶段，即在教学前拟定教学方案的过程；互动阶段是根据教学计划的实施情况及时调整拟定的教学方案的过程；后动阶段是对拟定的教学计划的具体实施情况进行反思评估的过程。

（三）教学计划的性质和作用

计划，从本质上看是基于当前状况对未来的思考，是对未来活动的决策和谋划，是要解决未来活动的问题，有明显的未来性。因此，教学计划也就是教师基于教材、教学条件和对学生的认识，对未来教学活动的决策和谋划，同样有明显的未来性。而且这一决策和谋划是严密的，有很强的目的性和针对性。从本质上看，教学计划是有明确目的的，是对未来教学活动的决策和谋划。这就是教学计划的性质。

任何活动，如果没有计划，都会是零乱松散、无序低效的。相反，经过审慎思考、严密计划的活动往往是紧凑有序的、系统高效的活动。为了使教学活动能有序地、系统地展开，并保证教学的有效性，教学要有计划。有了教学计划，教师的教学就有了明确的目标；有了教学计划，行将实施的教学活动就会有序地、系统地展开，取得良好的教学实效。教学计划的作用就在于保证教学活动的目的性、有序性、系统性和高效性。

二、教学计划的内容与过程

教学计划的内容，主要包括确定教学目标、分析教学内容和安排教学事件等[②]。教学目标是教学计划的核心，教学内容是教学计划的主体，教学事件的安排从实质上来看是用什么教学形式和方法来组织教学内容的问题。

教学计划作为对教学活动的分析思考过程，首先要考虑的就

---

① 吴庆麟，胡谊．教育心理学——献给教师的书．上海：华东师范大学出版社，2003．

② 吴庆麟，胡谊．教育心理学——献给教师的书．上海：华东师范大学出版社，2003．

是对特定的教材信息和学生，预期的教学目标应该是什么？在确立教学目标方面，美国两位著名教育心理学家布鲁姆（B. S. Bloom）和加涅（Robert M. Gagné）分别提出的理论，即教学目标分类理论和学习结果分类理论，有重要的指导意义。尤其是加涅的理论被认为是具有统合性的、处方性质的理论，对教师在教学计划过程中，如何确立教学目标有更加明显的重要理论意义。[①] 下面简要介绍一下加涅的理论。

加涅于1977年在其所著的《学习条件》一书中，将教学可能产生的结果分为五类：

（1）心智技能（intellectual skill）：是指学生学到的在生活情境中如何运用符号去获取知识的能力。这种能力又分为辨别（discrimination）、概念（concept）、原则（rule）、问题解决（problem solving）四个层次。

（2）认知策略（cognitive strategy）：是指由个人自主控制其内在心理活动历程从而获得新知识的一切方法。这种策略包括增进记忆的策略，组织知识的策略和后设认知策略。认知策略是学生学会学习的关键，学生只有掌握了有效的认知策略才能学会学习。

（3）语文知识（verbal information）：是指借由口语或文字所表达的知识。语文知识分为单字与词的基础知识、简单的陈述性知识、有组织的复杂知识三类。

（4）动作技能（motor skill）：是指习得的一种能力，这种能力由肌肉活动时所显示的迅速、准确、力量、平衡等特征所表现。动作技能的学习靠练习。

（5）态度（attitude）：是指影响一个人对其他行动选择的内在心理状态。[②]

---

① 张春兴. 教育心理学——三化取向的理论与实践. 杭州：浙江教育出版社，1998.

② 吴庆麟，胡谊. 教育心理学——献给教师的书. 上海：华东师范大学出版社，2003.

加涅的统合性、处方性教学目标分类理论给我们的启示是，教学目标不是单一的，而是综合的。作为教师，不管是承担哪个学科的教学任务，使用哪个版本的教材，也不管是具体到哪一部分的教材信息，在制订教学计划确立教学目标时，都要综合考虑学生的智慧能力发展，科学、有效的学习方法与策略的形成，知识和技能的习得与完善，良好态度和习惯的养成等多方面目标的发展要求。凡是目标单一的教学都不可能让学生获得全面发展，都无益于素质教育的深入推进。

确立教学目标是一个综合的分析思考过程，而且所确定的教学目标不是抽象的而是具体的。教师在进行教学计划时要针对特定的教材信息、具体的学生作具体的分析，并确立好具体的教学目标。

教学计划的第二项工作内容是分析教学内容。分析教学内容主要包括分析了解学生、研究教材两大任务。了解学生，重点是了解学生的知识基础、能力水平以及基本的情感态度等方面的情况。研究教材，重点是研究教材中的主要知识信息是什么，其中的重点、难点和关键又是什么，教材中蕴含哪些认识世界、了解世界的思想方法，教材中有哪些人文精神可用来启发培养学生的良好情感、态度和行为习惯等。

教学计划的第三项工作内容是安排教学事件。这一工作内容应围绕所确立的教学目标和教材中包含的重点知识、难点知识和关键知识，以及其中蕴含的思想方法和人文精神，设计并安排好具体的教学活动内容。从实质上来看，这是思考教学的具体活动内容及其手段、形式和方法的问题。时至今日，学校的教学设备可谓多而且先进，学生的观念态度也呈多元化的趋势，教师可选用的教学方法也是有很多的。教师在进行教学计划时要非常清楚，并不是手段和方法越新越独特效果就越好，也不是说教学媒体越多教学就越有效，因此要摒弃随意性和主观性，一定要综合考虑教学目标、教材信息和学生的实际情况，灵活地、创造性地安排教学事件。对于用不用多媒体、是否用讲授法、要不要让学生进行课堂讨论等方面的取舍，教师个人不能没有依据地主观决定，而要根据特定的教材、具体的学生以及预期要达到的教学目标去认真分析并作出科学、合理、恰当的决策。

三、教学计划的主要影响因素

教学计划是教师对教材、学生和教学环境条件的综合分析和决策过程，受到多种因素的影响。归纳起来主要有教师、教材和学生三方面的因素。教师是教学计划的主人，是教学计划的决定性因素。教材和学生是教师教学计划的内容和主要对象，是影响教学计划的主要因素，也是教师教学计划过程中可以合理地、恰当地把握好的因素。下面重点分析一下教师因素对教学计划的决定性影响。

教师教学计划的过程是一个综合分析和设计教学的过程，是重要的教学思维，是教师解决为什么而教、教些什么、如何去教等问题的过程。因此，凡是会影响教师的思维，影响教师教学问题的解决的种种因素都会影响教学计划。就教师身上的因素来考察，最主要的影响因素莫过于教师的观念、知识和经验。

教师的观念，包括教学价值观、学生发展观和有效教学观等，是影响教学计划目标取舍的因素。教师关于学生应该学些什么，应该获得什么，有效的教学应该是怎么样的，学生是怎样成长和发展的等观念，都会影响教师对教学目标的确立。关于这些问题，教师持什么样的看法，往往就会确立什么样的教学目标。

教师的知识和经验不但会影响到教师对教学目标的确立，而且会影响到教学计划的整体设计。有丰富知识和经验的教师所确立的教学目标会更加明确和具体，对整个教学事件的安排会更加科学、合理。

因此，教师的观念、知识和经验是影响教学计划的最主要的因素。

第二节 教师的教学决策

一、什么是教学决策

（一）教学决策的含义

人们自觉的、有目的的活动都少不了决策，教学活动亦然。如果教师意欲产生令人满意的教学效果，教学决策是不可或缺的。教学决策是基本的教学技能，教师专业生活的每一个方面都牵涉到了决策。教师思维和决策组织和引领着教师的教学行为，并由此而形成教与学的环境。[①] 谢弗尔森（Shavelson. R. J.，1973）认为，不管教师自己是否意识到，任何教学活动都是教师对自己所掌握的教学信息进行复杂的认知加工后决策的结果[②]。在课堂教学前的计划阶段的确定教学目标，安排教学内容，选择教学方法等几乎都是决策活动；在课堂教学中的即时解决突发性的教学问题，根据学生的具体学习行为及时调整预定的教学活动，也都是决策活动；课堂教学结束后的依据一定的标准评估教学效果、反思教学经验等，实质上也是决策活动。因此，教学最基本的活动是教学决策。那么，什么是教学决策呢？

教学决策就是教师意欲产生令人满意的教学结果的行动。即教师为了取得满意的教学效果，基于自己的教学信念、知识和经验对具体教学活动的目标、内容、方法和存在问题等，所进行的分析、推理、判断和选择等教学思维活动形式。在性质上，教学决策是高级的、复杂的教学认知加工活动，这一教学认知加工活动对教学质量有直接而显著的影响。至于影响教学决策的主要因素则与上面所探讨的影响教学计划的主要因素基本相同，从教师

---

① Westerman D. A. Expert and novice teacher decision making. *Journal of Teacher Education*，1991，2（4）：pp. 292－305.

② Merlin C . Wittrock. *Handbook of Research on Teaching*. New York：Macmillan Publishing Company，1986.

方面考虑，主要也是教师的教学信念、知识和经验。

（二）教学决策的类型

杰克逊（P. W. Jackson）是最早研究教师复杂行为背后的思维过程的学者之一，他认为，教师是复杂的课堂教学决策者，在备课、上课和课后评估方面都要作出大量决策。① 确实，教师的教学活动就是不断进行决策的活动。备课、制订教学计划属于计划决策（planning decision）；课堂教学是教师与学生不断进行教学互动的过程，在此过程中教师要不断地进行互动决策（interactive decision）；课后评估是教师在某一阶段（或课时）的教学结束后，评估教学效果、反思教学经验的决策活动，属于反思决策（reflective decision）。因此，教学决策可分为计划决策、互动决策和反思决策三种类型。

计划决策是教师就某一教学内容，决定通过哪些教学活动、哪些形式和方法，使自己的学生获得什么样的知识的决策活动。

互动决策是教师在课堂教学过程中，针对具体的教学活动情况，教师即时决定如何与学生进行思维互动，共同探讨教学问题，搞好课堂教学，实现课堂教学目标等的决策活动。

反思决策是课堂教学结束后，教师对教学效果决定如何进行分析评价；确定从哪些方面去评价，重点评价什么；寻找并确认教学中存在的问题；如何来评判教学计划的科学性、合理性和有效性，以及以后要如何修改和完善教学计划等的决策活动。

（三）教学决策的意义

教学作为目的性很强的活动，教师的教学决策对其有决定性的影响，教学效果几乎完全取决于教师的教学决策。高质量的、好的教学决策会产生高质量的、高效的教学；低质量的、不良的决策就会导致低劣的、低效的教学。对此，杰斯泰德（A. B. Jerstedt）认为，教师每天的大部分工作就是在经常性的社会互动中承担决策者的角色，决策的低能或失败会影响教学的协

---

① Jackson. P. W. . *Life in Classroom.* New York：Holt，Rinehart & Winston，1968.

调和有效性，不仅对现在，对将来的教学也会产生负面的效果。[①]谢弗尔森也指出，教师的基本教学技巧是决策，优秀教师和一般教师的区别不在于提问和讲述的能力，而在于知道何时去问一个问题的决策能力。[②] 由此可见，教师研究领域的专家学者们深刻地看到了：教师作为教学决策者，其决策对教学有效性有极大影响。教学离不开决策，没有决策等同没有教学，教师的教学决策决定着其教学质量。

二、教学决策的内容与过程

（一）计划决策的内容与过程

计划决策是教师在设计教学、制订教学计划过程中的决策活动。教学决策贯穿了教学计划的始终，制订教学计划的过程是由一个个的教学决策活动所组成的。从教学目标的设置、教学内容的确定到教学程序设计和教学方法的选择等各项工作环节，都是由教学决策所组成的。这几项工作环节的决策过程一般是先进行教学目标的决策，然后考虑教学内容，最后设计教学程序和选择教学方法。至于如何设置教学目标、确定教学内容等在上一节已有详细阐述，在此就不再重复了。这里有必要强调指出的是，教师在设置教学目标时要有良好的教学理念或者说要有良好的教学观，比如，“知、情、意、行”协调发展观，“能力、知识、技能”相互发展观，身心全面健康发展观等，都是教师头脑中应有的良好教学理念。要根据教学大纲和学生的实际情况去分析思考教学应该达到的具体目标是什么，这是教师计划决策的关键，这一关键性的决策完成之后就要确定好教学内容。教学内容的确定既要围绕教学目标的实现，也要考虑学生的基础和能力，还要考虑社会现实。而设计教学程序和选择教学方法，从实质上看，是

① Jerstedt. A. B.. Critical decisions on video-tape: An approach to the exploration of teachers ‘Interaction tendencies’. *Didakometry and Sociometry*, 1969, pp. 54 – 76.

② Shavelson R. J.. What is the basic teaching skill?. *Journal of Teacher Education*. 1973 (14): pp. 144 – 151.

教师应采取什么程序和方法与学生一起围绕确定好的教学内容展开教学活动，并借此与学生进行思维互动，促进学生思维发展的问题。这几方面内容的决策都不是各自独立的，而是相互联系的，是课堂教学的系统性决策。

（二）互动决策的内容与过程

随着心理科学，特别是认知心理学的迅猛发展，我们对教学的认识越来越全面，也越来越深刻。从认知心理学的角度来分析、考察教学活动：它是在动态的、结构不良的环境中展开的，目标和要解决的问题也是没有明确定义的一种复杂的活动。教学环境不可能总是在教师教学行为的控制之下，它需要按教师的设想去变化。而且，教学活动中又会出现很多突发性的，对顺利完成教学任务有影响的信息，这就需要教师去分析和思考。因此，教学活动与疾病诊断、棋赛等认知活动是非常相似的，都是复杂的认知技能。教学这一复杂认知技能需要制订计划，也有赖于即时的快速决策。① 互动决策是指教师在课堂教学过程中，为取得良好的教学效果，针对动态教学环境的变化，快速、即时作出的教学选择或改变。有研究表明，在课堂教学中，平均而言，教师每2分钟就要作出一个互动决策。②

互动决策的内容是相对不确定的，过程是即时性、非逻辑性的。教师在课堂教学中，如果觉察到教学活动的展开不如预期，或者出现预想不到的新情况、新问题，如同学们学习起来太过于轻松或太过于吃力等，都要求教师要进行即时的快速决策。这种决策的内容是不确定的，可以是教学策略的调整，或者是教学内容的增减，也可以是教学关键的更改，甚至也可以是预想之外出现的问题的即时解决，等等。互动决策的过程是带有灵感性质的、即时性的、非逻辑性的。在课堂教学中，教师没有太多思考

---

① Gaea Leinhardt, James G. Greeno. The cognitive skill of teaching. *Journal of Educational Psychology*, 1986, 78 (2): pp. 75 – 95.

② Merlin C. Wittrock. *Handbook of Research on Teaching*. New York: Macmillan Publishing Company, 1986.

的时间，甚至几乎没有思考的时间，其决策过程不可能进行严格的逻辑推理，因此这一决策很大程度上会受教师个人的观念、知识、经验，以及思维的灵活性、创造性的影响。这就要求教师在平日的教学工作中，既要不断加强学习，对自己的教学工作进行经常性的反思总结，也要经常思考并尝试解决教学过程中碰到的问题。

（三）反思决策的内容与过程

早在 1993 年，美国教学标准委员会的专家学者们如埃米·伯恩斯坦·高尔顿（Amy Bernstein Colton）等人就指出，今后的很多学校要依靠自主的反思决策者去重建学习环境。他们认为，将来的教师应当是富有思想的，由内在教学动机驱动的，能够对问题情境进行分析、设置目标、制订计划、监控教学行为，并对自己的教学进行反省与评价的反思决策者。[①] 这其中的一个重要观点是，教师在教学决策过程中要进行教学反省与评价，教师是反思决策者，教师要具有反思决策能力。良好的教学环境是由具有教学反思决策能力的教师创建出来的。反思决策与前面讨论的计划决策、互动决策是紧密联系在一起的。教师在计划决策过程中少不了反思决策，而通过反思决策去进行计划决策可以制订出更为科学的、合理的教学计划。同样，教师在互动决策过程中也往往同时进行反思决策，并借此取得更好的教学互动效果。当然，反思决策并不总是在计划决策和互动决策过程中出现，它也可以单独展开。单独出现的反思决策通常表现为教师在深入的反省与评价过程中提升自身的教学理念、优化教学方法与策略的思维活动。

反思决策的内容涉及教学工作的方方面面，其过程也与其他教学活动环节密不可分，且很难进行具体划分。但是，教师经常进行反思决策能不断提升自己的教学理念，优化自己的教学方法

---

① Amy Bernstein Colton, Georgea M. Sparks - Langer. A conceptual framework to guide the development of teacher reflection and decision making. *Journal of Teacher Education*. 1993, 44 (1): pp. 45 - 54.

与策略，提高自己的教学专业水平，有利于自己尽快成长为专家型教师。因此，教师要有教学反思决策的意识，要经常进行教学反思决策。

第四章 教师的教学反思

20世纪美国著名的哲学家、教育家和心理学家杜威（John Dewey）认为，没有人能够像说明自己为什么要呼吸，自己的血液为什么要循环一样，明确地告诉他人为什么自己要思考。然而，我们可以描述出来各种各样的思维方式以及比较好的思维方式。他认为，反思（reflective thinking）是高级的思维方式①。在杜威提出这一观点之初，专家学者们并没有普遍地对这一概念给予高度关注。今天的成就，在很大程度上要归功于认知心理学的迅猛发展，这一高级的思维方式得到了专家学者们的高度重视和研究，在教师教育与发展领域更是如此。自20世纪80年代以来，强调培养教师反思能力的教育思潮在美国、英国、澳大利亚等国的教师教育界兴起之后，迅速扩展到世界范围的教师教育界，专家学者们对教学反思展开了大量研究，成果颇丰。那么，什么是教学反思？影响教学反思的主要因素有哪些？目前，教师主要反思些什么，又该如何来促进教师教学反思呢？本章将重点分析和探讨这些问题。

---

① John Dewey. *How We Think*. Lexingten：D. C. Heath and Company，1993.

第一节 什么是教学反思

一、什么是反思

前面提到，杜威把反思看成是比较好的、高级的思维方式。他不是第一位提出反思概念的学者。在我国，早在春秋战国时期，孔子及其弟子就强调要通过反省来提高自身素质，孔子就是积极践行反思的典范。比如，子曰：“见贤思齐焉，见不贤而内自省也。”① 这句话的意思是，见到贤人就想要向他看齐，见到不贤能的人就要反省自己是不是也有类似的问题。孔子的自省就是自我反省、自我反思的意思。孔子的弟子曾子，也可谓是一个积极主动反思的典范，曾子曰：“吾日三省吾身：为人谋而不忠乎？与朋友交而不信乎？传不习乎？”②可见，主张学思并重的孔子及其弟子们是非常重视反思，并积极主动践行反思的。

在近代西方国家，不少学者也同样很重视反思这一认识事物的方式方法。如，近代英国唯物论哲学家、政治家、经济学家和教育学家洛克就认为，人的观念来源于两种经验，即外部经验（external experience）和内部经验（internal experience），前者就是感觉，后者就是反省。反省是由心灵对自身心理活动进行体察而产生的。③ 显然，洛克认为反省是对自身心理活动，包括观察、记忆和思维等的体验和观察过程。时隔洛克提出反省的思想方法一百多年之后，美国“进步教育”的先驱杜威对反省思维也进行了深入研究。他认为，反思促使我们去调查，是对问题进行反复、严肃、执着的思考：“对任何观念或知识假设，依据支持它的基础以及进一步推导出的结论，对其进行积极的、持久的、认

---

① 张燕婴．论语．北京：中华书局，2006.

② 张燕婴．论语．北京：中华书局，2006.

③ John Dewey. *How We Think*. Lexington ： D. C. Heath and Company，1933.

真的思考构成了反思。”[①] 因此，杜威是把反思看成是特殊的问题解决过程，是高级的思维活动。

孔子的“内自省”及其弟子曾子的“日三省”主要是检查自己每天做得怎么样，尤其是检查哪些方面做得不对；是指一个人对自己的言行表现、道德品质和人格修养等方面的质疑性检查。这与西方学者头脑中的反思概念不能等同。近代西方学者洛克把反省看成是对自身心理活动的体验和观察，也就是对自身心理活动的观察、分析和思考。同时他又认为这一过程是内部经验，因此，洛克所说的反省应当包括分析思考自身的心理活动是怎么回事，恰当合理吗，是否有问题存在以及所获经验正确与否，等等。杜威更是把反思看成是对自己的认识过程以及认识结果，是否存在问题的分析和解决过程，它力求对客观事物的真理性认识，并提高自己的思维能力。虽然，孔子和曾子对反思的理解和认识与洛克和杜威的反思含义不完全一致，但基本意思还是一致的。这就是，反思主要是对自身认识过程及认识之所得是否存在问题，以及如何来解决这些问题的高级的思维形式。通过反思，一方面可以提高我们的观察问题、分析问题和解决问题的能力；另一方面可以提炼并丰富我们的知识经验。反思对从事任何职业的人，甚至是对每一个人来说，都是很重要的思维方式方法，专业技术工作者更要经常进行反思。跟律师、医生等专业技术人员一样，教师从事的是专业技术工作，并且教育教学工作的专业性可能更强。因此，教师要有教学反思能力，并且要经常进行教学反思。

二、什么是教学反思

目前，有关教师教学反思的研究成果很多。但是，国内外的专家学者们对教学反思的理解和认识并不完全一致。相对而言，北京师范大学申继亮教授在综合考察国内外的相关研究成果的基

① John Dewey. *How We Think*. Lexington：D. C. Heath and Company，1993.

础上，对教师教学反思的内涵、心理结构和特点等方面的诠释相对比较全面深入；其诠释也是比较科学的、合理的。他认为，教学反思是指教师为了实现有效的教育、教学，在教师教学反思倾向的支持下，对已经发生或正在发生的教育、教学活动以及这些活动背后的理论、假设，进行积极、持续、周密、深入、自我调节性的思考，而且在思考过程中，能够发现、清晰表征所遇到的教育、教学问题，并积极寻求多种方法来解决问题的过程。同时，他还认为，教学反思是一个能动的、审慎的认知加工过程，也是一个与情感和认知都密切相关并相互作用的过程，在此过程中，不仅需要智力加工，而且需要情感、态度等动力系统的支持。[①] 从申继亮教授对教学反思的这一认识来看，教师的教学反思绝不是一个被动的应付性思考，也不是偶发的零散感触；教学反思是在教师的情感和意志的支持下，主动积极地解决教学问题的过程。

三、教学反思的作用

美国著名的心理学家波斯纳（G. J. Posner，1989）对反思在教师成长中的不可或缺和重要性有非常好的概括，他采用公式化的形式来说明教师成长的根本途径，这就是“经验 + 反思 = 成长”。并认为，没有反思的经验是狭隘的经验，至多只能形成肤浅的知识，没有反思的经验也不会帮助教师获得好的发展。波斯纳的这一教师成长观得到了国内外专家学者的普遍认同。

近一二十年来，国内教师研究领域的专家学者也从不同的角度阐明了教学反思的重要性。比如，申继亮教授就认为教师个体专业化发展的心理机制的实质就在于教学反思。[②] 这既是对教师个体专业化发展的内在心理活动和变化的深刻理解，也是对教学

---

① 申继亮，刘加霞．论教师的教学反思．华东师范大学学报（教育科学版），2004（3）：44～49．

② 申继亮，姚计海．心理学视野中的教师专业化发展．北京师范大学学报（社会科学版），2004（1）：33～39．

反思的实质把握。俞国良教授等充分论证了反思训练是提高教师素质的有效途径。他说，日常生活中，人的许多行为都是在无意识的情况下进行的。教学行为也是这样。如果将一堂课中的教学行为划分一下，就会发现许多无意识的行为是不必要的、缺乏理性的、错误的，甚至是很滑稽的；有的教学行为虽然意识到了为什么这样做，但并没有深入理解这样做反映了什么样的教育价值观，依据的理论是否科学、合理等。如果教师能尽量使所有的教学行为都是科学的、理性的，那么教学行为必然会提高教育质量，更好地促进学生健康发展。当然，要达到这一目的，就要提高教师的教学监控能力，以保证教学行为是最佳的和最有效的。而反思训练可以提高教师的教学监控能力，进而提高教师素质。基于这样的认识，他们还制定了完整的反思训练方案。①

教学反思在教师的专业发展过程中的重要作用也得到了实证研究的支持。国内学者李琼等人的研究就是很好的证明。她们以北京市 2 538 名小学教师为样本，从教师的专业精神、学生观、教学效能感、教学组织与管理、教学反思与研究、学科知识、学科教学知识、教学特色及专业自主发展意识九个方面考察了小学教师的专业生涯发展类型，发现小学教师的专业发展类型可分为四类，即模仿学习或被动应付型，经验积累或重复型，发展教学风格型，发展教学思想型。学校作为培养人才的专门机构，后两种专业生涯发展类型的教师是最需要的，也是最受欢迎的。该研究发现，发展教学风格型的教师能够时常反思自己的教学，在不断反思与学习中发展并逐渐形成自己的教学特色。发展教学思想型的教师在专业精神、学科教学知识和教学反思与问题研究等多数维度上表现出明显高于其他类型的发展特点。② 这就说明，教师的教学反思在其专业生涯发展方面发挥了重要作用。因此，从

① 俞国良，辛自强，林崇德．反思训练是提高教师素质的有效途径．高等师范教育研究，1999（4）：69～73.

② 李琼，王恒．小学教师的专业生涯发展类型：一项聚类分析．教师教育研究，2012（3）：26～30.

现实情况来考察，不反思的教师是得不到发展的，教师要提高教育教学水平就要经常进行反思，善于反思，不断提高教学反思的能力。教学反思是教师走向卓越的必要条件，李琼等人的另一个实证研究表明了这一点。她们以北京市 815 名中小学新教师、有经验的普通教师与获得国家级荣誉的卓越教师为样本，从教师的专业精神、学生观、教学组织与管理、教学反思与研究、学科知识、学科教学知识、教学特色及专业自主发展意识八个方面，判别分析了区分三类不同专业水平教师的关键指标，发现教学组织与管理、学科教学知识、教学反思与研究是中小学卓越教师共同的关键特点。从经验中学习与自觉反思无一例外地成为追求卓越的教师的成长规律。[1] 李琼等人的这一实证研究成果是对波斯纳提出的教师成长公式的有力证明。

综上所述，对教师的成长发展而言，教学反思有着极其重要的积极作用，这个作用是其他任何一种心理活动形式都不可能产生的。教师是在反思中成长的，教师要发展、提高就要经常进行教学反思。因此，教师舍弃教学反思，则无以促进教学成长。

四、教学反思的条件

杜威认为反思是比较好的思维形式，但并不是每个人都能很好地进行反思。要顺利进行反思，坚持不懈地反思，并在反思的过程中不断提高反思能力，这就要求反思主体有良好的态度和必要的知识和经验。在杜威看来，反思态度是很重要的。同时，他又指出，仅有良好的反思态度是没有作用的，它还要有良好的反思方法与技术。[2] 因此，反思可谓是反思主体整体性的、统一的心理活动，它涉及个体的知、情、意、行。而且，反思主体所处的现实环境条件也会对其反思产生影响。所以，反思有主观和客观两方面的条件要求，教学反思亦然。下面就来谈谈教学反思的

① 李琼，吴丹丹，李艳玲. 中小学卓越教师的关键特征：一项判别分析的发现. 教育学报，2012（4）：89～95.

② John Dewey. *How We Think*. Lexington：D. C. Heath and Company，1933.

条件。

（一）开明态度、赤诚心和责任心

杜威在 1933 年出版的 *How We Think* 一书中精辟阐述了三种重要的反思态度，也可以说是三种个性特征。教师在进行教学反思时同样少不了这三种良好的个性特征。它们分别是开明态度（open-mindedness）、赤诚心（whole-heartedness）和责任心（responsibility）①。

开明态度是指不会受偏见（prejudice）、盲目拥护（partisanship）等习惯性的封闭观念的影响，愿意听取多方面的意见，留心来自任何渠道的事实，充分注意到各种可供选择的可能性，能承认可能的错误，甚至是来自我们自己最有信心的方面可能出现的错误。

杜威提到的第二种重要个性品质是赤诚心。他是这样解释的："任何一个人，当他（她）完全感兴趣于某一目标或事业，的确将自己倾注于其中的时候，我们就说他（她）（对这一目标或事业）是干劲十足的，或者说是全心全意的。"这是一个人对某事项或事业的真心实意，以及对它的全身心投入，也是全心全意的意思。杜威进一步解释说，这种态度或品质往往被认为是一个人的重要的道德品质和现实表现，但是，它在人的才智发展方面同样是很重要的。在汉语中，"赤诚"与"全心全意"的意思几乎是相同的，都是全身心地、毫无虚假地投入到某事项或事业上的意思。考虑到教师对教育教学工作要有赤诚心，才能真正搞好教书育人的工作，因此，本书把杜威提到的 whole-heartedness 翻译为赤诚心。

责任心是杜威提到的第三种态度（或品质），即能够考虑到按预想的方案去行动所可能带来的后果，愿意承受这些合乎情理、伴随而来的后果。他说，责任心与赤诚心（或者说全心全意）一样，更多地被认为是一个人的重要的道德品质和现实表

---

① John Dewey. *How We Think*. Lexington：D. C. Heath and Company，1933.

现。其实，它在赢得个人推崇的新观点、新观念，或热衷的事业（或工作等）的足够支持方面，以及专心致志于某一主题（或事项等）的能力发展方面都是必要的。

在杜威看来，一个人是否具有开明态度、赤诚心和责任心这三种重要的个性特征，会影响到他（她）能否进行有效反思。教师的教学反思亦然，如果一个教师具备这三种重要的个性特征，就会以赤诚心对待教育教学工作，会通过各种渠道、多种形式和方法去发现教学问题，并会以高度的责任感去解决教学问题。因此，教学反思要求教师要有开明态度、赤诚心和责任心。

（二）强烈的教学成就需要与动机

前面提到，教学反思是主动的认知加工，不会自然发生，而且要有情感、态度等动力系统的支持。因此，教学倦怠严重、不想搞好教学、无心搞好教学、教学积极性不高的教师是不会有教学反思的。有强烈教学成就需要与动机的教师，才会真诚地、负责任地去开展教学反思。强烈的教学成就需要与动机是教师进行教学反思的强大内在动力。这样的教师，会把教育教学工作当作自己人生过程中很重要的、有意义的，值得自己努力把它做好、做成功的工作。这样的教师会经常思考如何来提高自己的教育教学水平，会在认识到教学反思的重要作用之后，主动地、经常地、全面而又深入地进行教学反思。

（三）教师知识

教师所从事的教育教学专业技术工作有相应的知识要求。教师知识包括三大方面的内容：本体性知识、条件性知识和实践性知识。教师本体性知识是指教师所具有的特定的学科知识，它是教学活动的基础。教育科学和心理科学知识是教师成功地进行教育教学的条件性知识，它包括三个方面的主要内容：学生身心发展的知识，教与学的知识和学生成绩评价的知识。教师在实施自己有目的的行为过程中所具有的课堂情境知识和解难题知识形成了教师的实践性知识。[1] 教师知识是教师教学反思的必要条件，若教师不具备这些知识，就不可能对自己的教学目标、计划、决策和教学行为，以及这些思考和行动背后的观念、假设进行合理的分析和评价，更不可能作出正确的判断和选择。因为，教师的教学反思是教师基于自己所掌握的教育教学知识、学生成长与发展方面的知识以及良好的教学观念，从多角度、多侧面地分析、评价教育、教学活动及其背后的观念、假设，进而进行判断和选择的过程。教师知识对教师教学反思的深广度、效率与效果，以及教学反思能力的发展都有重要影响。一个知识贫乏的教师是很难顺利进行教学反思的。这样的教师，即使有反思的愿望，也可能不知道反思要指向哪里，如何去进行反思；相反，一个有优良知识结构的教师，不但明确教学反思的指向，而且会有科学的教学反思方法，可以顺利进行教学反思，并取得良好的教学反思效果，从而使自己的教学反思能力得以不断提高。

（四）教学问题意识

教师教学反思的目的是要通过解决教学过程中存在的教学问题来不断提高教学有效性和教学水平。因为，反思是对问题的探究、迷惑和疑问，是对复杂情境的再思考。那么，问题是什么？问题是怎样建构出来的，能否有信心地重建问题？这是理解反思实质很重要的一个方面，也是反思的价值所在，同时还是认识教学的关键。但是，这一点在实际教学过程中有时很容易被忽视。[2] 因此，教师的教学问题意识，即认识、发现教学问题，解决教学问题的能力是教师教学反思能力的重要组成部分，也是教师取得良好教学反思效果的重要条件。如果教师没有教学问题意识，发现不了教学中存在的教学问题，其教学反思将是“蜻蜓点水式的浅想”，既算不上是真正的教学反思，也对教学水平的提高几乎

---

① 衷克定，申继亮，辛涛．论教师知识结构及其对教师培养的意义．中国教育学刊，1998（3）：55～58．

② J. John Lougharn. Effective reflective practice in search of meaning in learning about teaching. *Journal of Teacher Education*, 2002, 53 (1): pp. 33－43.

没有什么帮助，当然也就很难体现出教学反思的价值来。所以，教学问题意识是教师进行教学反思的重要心理条件。

（五）自我意识与自我调控

教师教学反思的内容涉及教师教学活动的方方面面，既包括教师主导的、已经发生的或正在发生的教学活动，也包括教师所持的、支持其教学活动的观念和假设等内容。这就要求教师有良好的自我意识和自我调控能力。教师在进行教学反思的时候，要反问自己做过什么，做得怎样，还将做什么，为什么要做这些等问题。所有这些问题的分析思考都要求教师有良好的自我意识与自我调控，不然将很难对这些问题作出正确的分析与思考。况且，教师的教学反思既是复杂的、艰难的思维活动，又是经常性的、特殊的教学问题解决过程，这也要求教学反思的主体——教师，要有良好的自我意识与自我调控，这样才能保证教学反思经常、顺利、有效地开展。所以，自我意识与自我调控是教师教学反思的又一重要心理条件。

第二节　如何进行教学反思

教师的教学反思是教师认识教学、理解教学、提升教学的思维过程，也是教师专业发展的机制，属于高级的、复杂的教学认知活动。教师要顺利地、有效地进行教学反思，不但要具备上一节所阐述的五个方面的条件，而且要掌握教学反思的目的、内容和类型，掌握科学的、有效的教学反思方式，并积极进行教学反思总结。下面就围绕这几个问题进行探讨。

一、教学反思的目的、内容和类型

教师教学反思的根本目的，一是要解决教学问题，改进教学，提高教学的有效性；二是要通过教学反思促进教师的专业发展。由于教师在教学过程会出现各种各样的教学问题，涉及的因素会很多，可能是教学目标方面的，可能是教学内容方面的，也可能是教学方法等方面的，甚至可能同时涉及多种因素，所以，教学反思的内容也必然是多方面的。

关于教学反思内容，申继亮教授等人认为，它是指教学反思得以进行的载体，主要指已经发生或正在发生的教学活动以及支持这些教学活动的观念和假设。其有五个指向，即课堂教学指向、学生发展指向、教师发展指向、教育改革指向、人际关系指向。① 这是从教学反思内容的广度去考察、提出的教学反思的五个指向，当然也是对教学反思内容比较全面的分析和概括。然而，就某一具体教学内容（某一教学单元或章节）的教学而言，教师在进行教学反思时，恐怕很难同时指向这五个方面。具体到某一具体教学内容的教学反思，其主要指向应包括目标指向、内容指向和方式方法指向。这三大指向的反思都着眼于学生的全面发展。目标指向的反思主要是分析和评价具体的教学目标是否科学、合理、恰当和有效达成；内容指向的反思重在分析教学内容的重点、难点是否突出，内容展开的条理性和逻辑性是否良好，时间分配是否合理；方式方法指向的反思则是要考虑所采用的教学组织形式和方法是否适合学生的心理特点，是否有利于师生的思维互动，能否有效达成教学目标。

教学反思的类型有两种划分是容易理解和接受的，一是按教学时间分，有教育行动前的反思、行动中的反思和行动后的反思。教育行动前的反思主要体现在对特定的教育教学活动的设计上，这种反思具有前瞻性，目的在于使教育教学成为一种自觉的实践，并有效地提高教师对教育教学的预测和分析能力；行动中的反思是指教师根据教育教学情景的变化对教育教学过程的调控，这种反思具有监控性，旨在使教育教学高效地进行，并有助于提高教师的教育教学的调控和应变能力；行动后的反思主要是对已发生的教育教学的评价，这种反思具有批判性，旨在使教育

① 申继亮，刘加霞. 论教师的教学反思. 华东师范大学学报（教育科学版），2004（3）：44～49.

教学的经验理性化，并有助于提高教师的教育教学的总结和评价能力。[①] 这种按时间划分的教学反思类型间接告诉大家，教师的教学反思不是一时半刻的思考，而是一种经常性的思考，要求教师具备预测、分析、调控和评价等能力。二是按反思水平去划分，范·曼恩（Van Manen，1977）认为有三种水平的反思，[②] 这一观点与蔡克纳和李斯顿（Zeichner & Liston，1987）的描述是类似的，[③] 也得到了专家学者们的普遍认同。这三种水平分别是：

（1）技术合理性水平（technical rationality），这是反思的第一水平，也是最低的反思水平。处于这一反思水平的教师聚焦于可度量的课堂教学技能和有效表现，仅仅考虑到了教学知识和基本课堂原则的应用以达成既定目标，而看不到教学结果和课堂、学校以及社会的问题。这是一种经验性的、不系统的、不理论性的思考。

（2）行动实用性水平（practical action），这是反思的第二水平。处于这一反思水平的教师能思考合理技术以外的问题，会去分析教育目标背后的假设，支持教育目标的信念以及教学行为所导致的结果；会通过分析教师和学生的行为来考察目的和目标（goals and objectives）是否合适，又是怎样发生作用的，以有价值的观念为基础进行教育选择。处于这一水平的教师，更多是基于自己对教学情况的主观知觉，而不是对客观结果的描述去解释教学结果的。这是一种关于（教育教学）系统和理论的，并相信个人经验和观察的对教学事件的反思；他们常常会认为教学事件中存在问题，但往往表现出个人偏见。

（3）批判性反思水平，这是反思的第三个水平，也是最高水平的反思。处于批判性反思水平的教师能以开放的心态去整合道

---

① 李润洲，张良才．论“教师即研究者”．教育研究，2004（12）：60～64.

② Van Manen，M.. Linking ways of knowing with ways of being practical. *Curriculum Inquiry*，1977（6）：pp. 205－228.

③ Zeichner，K. & Liston，D.. Teaching student teachers to reflect. *Harvard Educational Review*，1987，57（1）：pp. 23－48.

德与伦理的标准，不带个人偏见地关注对学生有价值的知识和社会环境条件；将教学活动（目标和手段）与环境、背景看成是不确定的，是从众多可能性中作出的受价值支配（value-governed）的选择。

根据教师教学反思水平的划分，我们不难看出，教师的教学反思是一个复杂的、高级的教学认知活动。教师在进行教学反思时不能仅凭个人的经验去思考教学，而要从人类与社会发展的高度，以开放的心态，并用专业的眼光去分析处理各种各样的教学问题。

二、教学反思的方式

教学反思水平的提高能发展教学、促进教学。而要提高教学反思水平，使用有效的教学反思方法是关键。从教师个体专业化发展的角度来看，主要的教学反思方式有四种：

（1）在头脑中想一想。即教师的自我内部对话，这取决于教师自身的理论水平和心理状态调节能力。这种方式很难深刻地揭示问题的原因。

（2）写反思日记。教师在课后对自己在教学中遇到的各种问题或事件进行思考，以内容相对集中的日记形式记录下来，分析事件产生的原因，并设计多种解决策略。

（3）课后备课。教师在课后对教学进行分析和思考，有助于改进和完善教学。

（4）合作讨论。教师之间在课余时间就所遇到的问题、困惑进行讨论，同事合作讨论需要有一个主题，在民主和谐的氛围中坦诚地交换意见，探讨教育教学问题。①

教师教学反思从观察教学情景或回忆教学经验开始，但又不能囿于教学情景或经验，而要跳出教学情景或经验，发现问题之

---

① 申继亮，姚计海．心理学视野中的教师专业化发展．北京师范大学学报（社会科学版），2004（1）：33～39．

所以产生的原因，发现未知的教育教学本质和规律。这是一个复杂的、审慎的、深入的并深受教师头脑中的专业知识影响的思考。教师不管采用何种反思方式，都要有良好的态度，掌握好教师应有的知识，即教师知识，才能获得良好的教学反思效果。

三、教学反思总结

反思是高级形式的思维，也是教师从经验中学习的最好方式。这一学习方式的效果显著与否，需要教师进行经常性的总结，通过总结才能发现最适合自己的教学反思方式，提高教学反思的效果。总结是分析研究一个阶段内学习、工作的情况和经验教训，作出有指导性的结论。① 因此，教师的教学反思总结是就某一阶段的教学反思情况和经验进行分析研究，并挖掘出有意义的结论的过程。教师要完成好这一过程，即写出有价值的总结来，就要重视做好如下工作：

1. 定期进行教学反思总结

教学反思是教师经常性的学习思考活动，定期对这一活动进行总结是很重要的。不定期进行教学反思总结，就无法明晰教学反思的效果。好的经验是什么？应吸取的教训是什么？存在哪些问题？等等，都将不得而知。另外，养成定期总结的习惯，这本身也是很好的学习形式。因此，教师要定期进行教学反思总结。至于多长时间定为“一期”，这就要因人而异了。如果教学工作量不是特别大，可以一两个星期为一期；如果工作量比较大可以一两个月或一学期为一期。

2. 针对教学反思重点去总结

教师在进行教学反思总结时，应着重分析研究自己用了什么方式去反思，通过这种方式发现了哪些教学问题，又是如何分析其原因的？是基于哪些考虑，用什么方法去解决这些教学问题的？解决好了没有……这些是教学反思工作的重点。写教学反思

① 商务印书馆辞书研究中心．新华词典．修订版．北京：商务印书馆，2001．

总结时，切忌没有重点、面面俱到，要把好的经验概括出来，把主要的教训揭示出来。

3. 对教学反思问题的分析研究要有真知灼见

好总结本身就是一个好研究，能发现问题、解决问题。教师在进行教学反思总结时，要有洞察力，把主要问题找出来；在分析问题时既要有深度和广度，也要有严密的逻辑性和系统性，把问题的根源分析出来。还有，要就今后的教学反思工作如何进行提出科学的、合理的、有理论或事实依据的真知灼见来。

第三节　关于教师教学反思指向的调查分析

一、引言

教学反思在教师的专业化发展过程中起到了关键性的核心作用，学校的教育教学水平在一定程度上取决于广大教师的教学反思能力和水平。故教学反思成为当前教师领域的研究重点是有其必然性的，也因此出现了丰富的研究成果。遗憾的是，笔者于 2012 年底在中国知网上，不设年限，以教学反思为主题可以搜索到 10 495 篇文章；在这些文章中再以调查研究为主题去搜索就只有 46 篇文章了，如果将调查研究改为调查分析，在 10 495 篇文章中只搜索到 26 篇。这 46 篇文章和 26 篇文章是有重叠的，因此，对教学反思现状进行调查研究的文章不超过 60 篇。也就是说，一万多篇教学反思的学术论文几乎都是思辨研究，属于教学反思现状的调查研究方面的文章可谓是凤毛麟角，只有五六十篇而已。然而，从实证的角度看，对目前广大教师的教学反思情况进行调查分析有着明显的现实意义。因为，这是促进教师教学反思能力方面不能不做的前提性的工作。如果不做这方面的调查研究，我们就不知道教师对教学反思的认识如何，不知道他们愿不愿意积极主动地去开展教学反思，能否顺利地、有效地进行教学反思，也不可能知道有哪些因素在制约着他们的教学反思等情况。所以，对教师教学反思现状的调查有着重要的现实意义。我们进行教师教学反思指向的调查分析，旨在了解：当今教师进行教学反思时，究竟反思些什么？反思的广度怎样？

二、研究方法

（一）教师教学反思指向问卷

我们在大量阅读教师教学反思的研究文献的基础上，特别参考了申继亮教授和刘加霞教授于2004年9月发表在《华东师范大学学报（教育科学版）》的《论教师的教学反思》这篇文章中，关于教师教学反思内容的五个指向，即课堂教学指向、学生发展指向、教师发展指向、教育改革指向和人际关系指向的阐述，以及其他学者有关教师教学反思的问卷中的个别题目，自编了教师教学反思内容指向问卷。各题项编制出来后，也带着问卷访谈了部分中学教师，就各题项的含义征求他们的意见，然后进一步修改完善。

问卷内容涉及申继亮教授等提出的教学反思内容的五个指向。各个指向的题项具体如下：

指向1——课堂教学指向，包括第7、8、9、10、11、12、13、14、15、19、31共11个题项，具体内容是：

7. 下课后，我会经常探寻学生在课堂上的学习表现背后的原因。

8. 我很注重分析、解剖自己的教学情况，以促进自己教育教学水平的提高。

9. 每当与同事一起讨论教学工作时，我就很想讨论如何处理教材内容的问题。

10. 我经常反问自己，自己组织的课堂教学对提高学生的学习成绩帮助大吗？

11. 我经常在想，学生喜欢我吗？

12. 我经常问自己，对学生的学习方法进行了正确有效的指导吗?

13. 我经常反省自己在课堂教学中的言行表现，评估它对学生心理、人格等方面的影响。

14. 备课时，我会特别认真地分析教学的重点。

15. 每当与同事讨论起教学工作时，我就想跟他们讨论教学手段和方式方法方面的问题。

19. 如何来提高学生的学习成绩是自己一直在思考的问题。

31. 如何更好地改进教学手段和方式方法是自己经常思考的问题。

指向2——学生发展指向，包括第2、3、4、5共4个题项，具体内容是:

2. 下课后，我会反问自己，课堂上与学生的沟通方式恰当吗?

3. 我会积极探寻增进师生情感的方式方法。

4. 我经常反问自己，自己组织的课堂教学对学生逻辑思维能力的提高帮助大吗?

5. 下课后，我都会反问自己，课堂上采用的教学方法和组织形式恰当吗?

指向3——教师发展指向，包括第18、20、21、22、23、26、28、29、30、32共10个题项，具体内容是:

18. 我经常提醒自己，作为教师要有高尚的人格。

20. 我经常反问自己，为履行好教育教学职责，还要充实哪些知识?

21. 我经常自我提醒，作为教师要有良好的教师形象。

22. 我经常思考由现行的考试制度所“指挥”的学校培养出来的学生可能有的优点和缺点。

23. 我经常思考，如何来进一步提高自己的课堂教学能力？

26. 我经常反省自己的人格修养。

28. 如何通过自己组织的课堂教学来促进学生问题解决能力的提高，是自己经常沉思的问题之一。

29. 我常常提醒自己，要多从学生的角度来考虑师生之间的一些问题。

30. 我经常反问，自己组织的教学活动能有效激发学生的学习兴趣吗？

32. 我经常审视自己的教育教学观念。

指向4——教育改革指向，包括第16、17、24、25、27共5个题项，具体内容是：

16. 我几乎没有思考如何来克服应试教育的弊端这个问题。

17. 我常常会思考新课程改革的理论和现实依据。

24. 我几乎没有思考过课堂教学改革这个问题。

25. 我会积极关注和思考教育体制改革的问题。

27. 我从来没有关注和思考如何深入推进素质教育这个问题。

指向5——人际关系指向，包括第1、6共2个题项，具体内容是：

1. 对学校同事之间的典型良好关系和典型不良关系，我都会认真思考一下其背后的原因。

6. 对学校师生之间的典型良好关系和典型不良关系，我都会认真思考一下其背后的原因。

每个题项的答案分“完全是这样”、“基本上是这样”、“有时这样”、“基本上不是这样”、“完全不是这样”5个水平，依此顺序相应赋值1～5分。把这种赋分值的办法与上面的题项内容结合起来思考，不难推知，被试在某一题项的得分越低，就意味着他越注重反思这方面的内容，积极性也越高；反之，则越不看重反思这方面的内容，积极性也越低。同理，被试在某一维度的得分越低，就意味着他越注重反思这方面的内容，积极性也越高；反之，则越不看重反思这方面的内容，积极性也越低。

共编制32道题目，在问卷中随机排序，有少部分是反向题，要倒计分。下面“（三）教师教学反思指向问卷质量分析”报告的就是问卷质量分析情况。

（二）被试

本研究按简单随机抽样的办法，在广东省的深圳、东莞、佛山、珠海和梅州5个地级市，分别抽取了3所，共15所中学的所有教师进行问卷调查。调查都是在相对统一的时间集中发放，当场进行问卷测试并当场收回的。共发放了1 150份问卷，收回后整理问卷时，把没有完成全部题目的问卷剔除，有效问卷共996份。

（三）教师教学反思指向问卷质量分析

问卷收回后，将有效问卷的数据输入社会统计软件SPSS15.0进行管理和分析。

1. 项目分析

为了检验问卷的可行性和适合度，首先对问卷进行了项目区分度分析。一方面计算每一题目与总分的相关；另一方面检验低分组（总分最低的27%）和高分组（总分最高的27%）在每个题目上的差异显著性，得出CR值。两种方法得到的结果是一致的（见表4－1），即32道题的每一道题与总分的相关都是显著的，且CR值也都是显著的。表明该问卷有较好的区分度。

表 4-1 问卷的项目分析结果（$n=996$）

题目	与总分的相关	CR 值	备注	题目	与总分的相关	CR 值	备注
1	.502**	-15.181**		17	.677**	-25.243**	
2	.667**	-23.142**		18	.719**	-24.892**	
3	.684**	-25.243**		19	.642**	-18.220**	
4	.669**	-27.351**		20	.632**	-23.601**	
5	.725**	-27.776**		21	.701**	-22.977**	
6	.674**	-22.883**		22	.650**	-22.852**	
7	.682**	-26.606**		23	.757**	-26.537**	
8	.721**	-28.020**		24	.383**	-13.717**	
9	.675**	-23.186**		25	.663**	-24.781**	
10	.771**	-29.512**		26	.621**	-21.937**	
11	.585**	-21.935**		27	.358**	-12.270**	
12	.773**	-30.791**		28	.708**	-26.652**	
13	.768**	-29.662**		29	.718**	-26.714**	
14	.741**	-24.619**		30	.743**	-25.670**	
15	.699**	-25.250**		31	.730**	-25.814**	
16	.496**	-18.554**		32	.731**	-29.277**	

注：** 表示 $p<0.01$。

2. 因子分析及信效度分析

为进一步了解问卷的质量和结构，我们对问卷进行了探索性因素分析。首先对调查取样的适当性进行了检验，检验结果显示：KMO 为 0.972，说明调查问卷中的题项间有较多共同因素；此外，Bartlett 球形检验的卡方统计量为 18 991.52（自由度为 496），显著性水平值小于 0.001，这进一步说明原始变量间有共同因素存在，适合使用因子分析方法提取公共因子。因此，我们用因素分析方法在问卷 32 道题项中提取出特征值大于 1 的 5 个公共因子，这5个公共因子累计解释方差为61.972%，5个因子得分的协方差矩阵显示，因子间的相关系数均不显著；而且因子1和因子4，因子2和因子5的相关系数都是0.000，说明5个公共因子之间是相互独立的。检验结果还显示，除了一个变量的共同度为0.437以外，其他各变量的共同度均在0.5以上，说明提取的公共因子对各变量的描述程度很好。同时，因子分析结果中，每个公共因子所包含的题项均与前面提到的申继亮教授的理论观点相吻合，说明此问卷的结构效度良好。再就是，用Cronbach Alpha模式统计，问卷的一致性信度系数是 $\alpha = 0.9546$，说明问卷有高信度。

三、结果分析

（一）教师各教学反思指向描述统计

上面在介绍问卷的计分办法时提到，被试在某一维度的得分越低，就意味着他越注重反思这方面的内容，积极性也越高；反之，则越不看重反思这方面的内容，积极性也越低。为了解教师在各教学反思内容指向上的反思积极性，以及反思的主要指向是什么，我们对教师在各教学反思内容指向上的得分进行了描述统计。

图4-1、图4-2、图4-3、图4-4、图4-5分别是教师在课堂教学指向、学生发展指向、教师发展指向、教育改革指向和人际关系指向五个维度上的得分分布（各分数范围的百分比）情况。

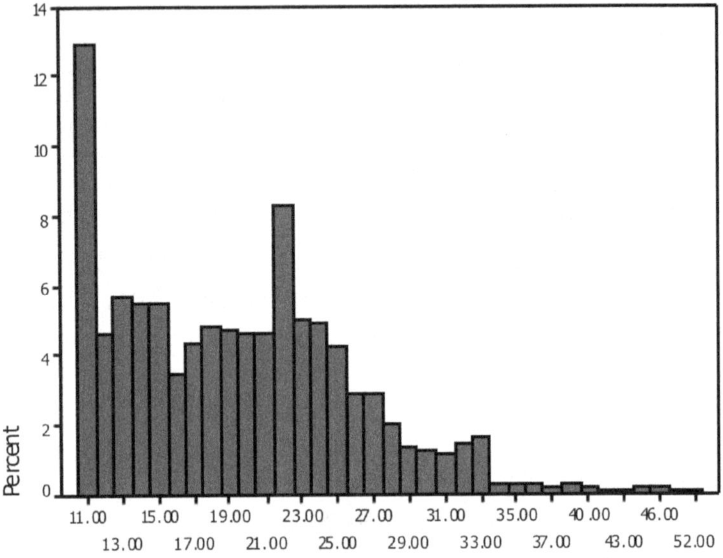

图 4－1　教师教学反思指向课堂教学的得分分布（百分比）

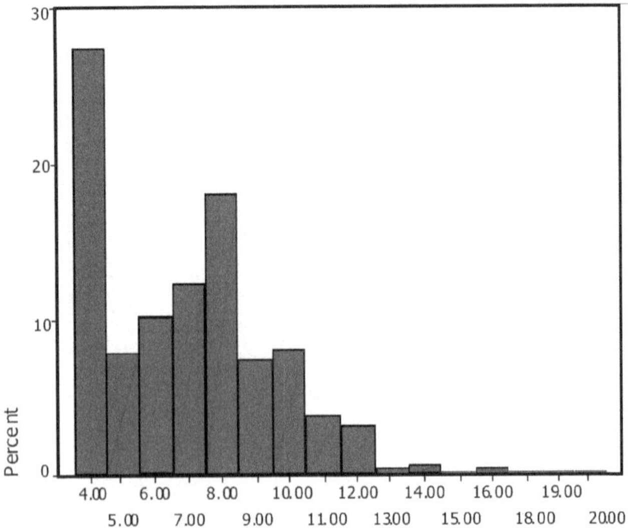

图 4－2　教师教学反思指向学生发展的得分分布（百分比）

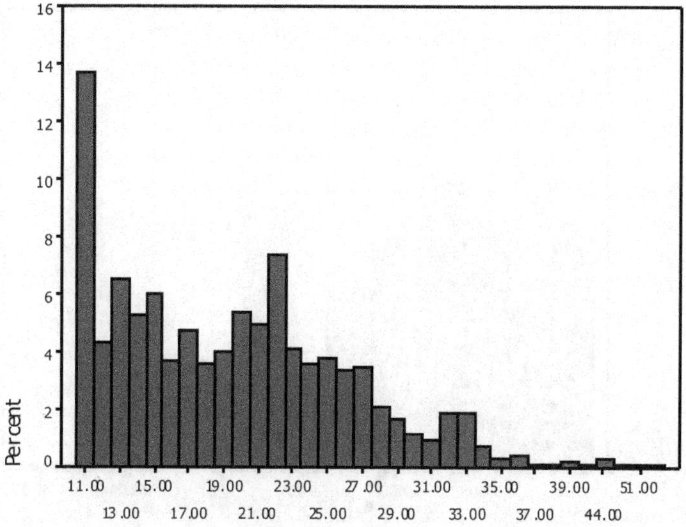

图 4－3　教师教学反思指向教师发展的得分分布（百分比）

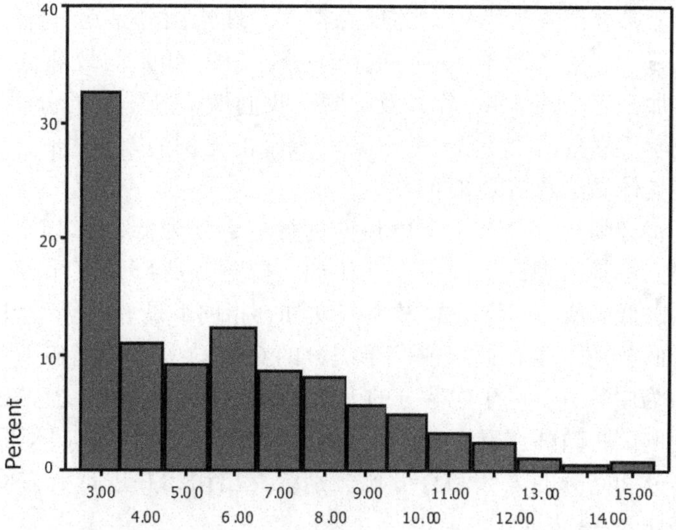

图 4－4　教师教学反思指向教育改革的得分分布（百分比）

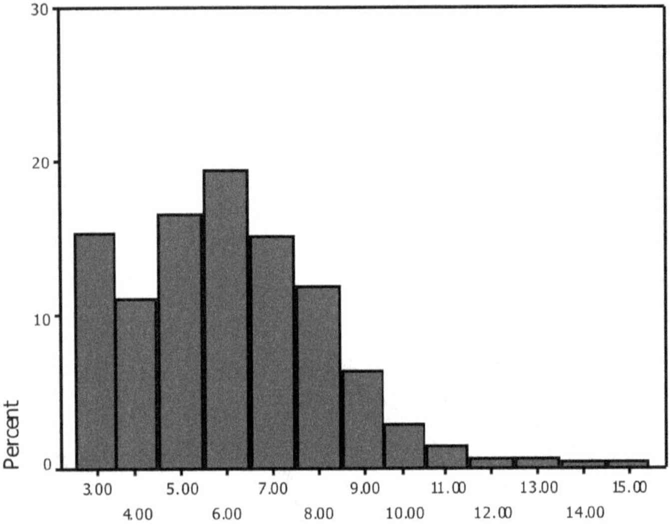

图 4－5　教师教学反思指向人际关系的得分分布（百分比）

教师在课堂教学指向的反思得分，理论满分是 55 分。统计结果显示，有 13% 的教师只有 11 分，超过 60% 的教师低于 21 分，那么得分高于 40 分的教师呢？我们做了进一步的分析，对各教学反思指向中得低、中、高分教师的比例的差异进行卡方检验。具体做法及结果如下：

将教师在五个教学反思指向的得分，分为低、中、高三类。分类方法是以理论上的满分（比如，指向 1 是 55 分）作为最高分，以低于或等于满分的 33%（比如，指向 1 是 18 分）为低分；高于低分的上限，低于或等于满分的 66%（比如，指向 1 是 36 分）为中等分，高于中等分的上限为高分，统计各分数范围的教师比例。将教师在五个教学反思内容指向方面的得分属于低分、中等分和高分的人数和百分比分别统计出来，并进行卡方检验，结果如表 4－2。

表4-2 各教学反思指向上属低、中、高分教师的比例（%）及差异检验（$n=996$）

得分范围	指向1	指向2	指向3	指向4	指向5
低分教师百分比（数量）	41.90（417）	45.7（455）	47.8（476）	52.6（524）	42.5（423）
中等分教师百分比（数量）	56.00（558）	52.7（525）	51.1（509）	39.1（389）	54.9（547）
高分教师百分比（数量）	2.10（21）	1.60（16）	1.10（11）	8.30（83）	2.60（26）
卡方检验结果	$\chi^2=466.934$ $p=0.000$	$\chi^2=458.536$ $p=0.000$	$\chi^2=467.187$ $p=0.000$	$\chi^2=307.572$ $p=0.000$	$\chi^2=446.211$ $p=0.000$

注：五个卡方检验的自由度均为2。

表4-2的统计分析结果显示，教师在五个教学反思指向方面，都是低分和中等分的教师比例显著多于高分的教师比例。这表明，整体而言，教师能积极反思各方面的教学问题，教学反思的积极性是很高的。

（二）不同年龄段教师的问卷调查总分均值和各指向得分均值M（SD）及差异比较结果

为考察不同年龄教师的教学反思情况，我们统计分析了四个年龄段，即30岁以下、31~35岁、36~40岁和41岁以上的教师的问卷调查总分均值和各指向得分均值M（SD），并进行方差分析，结果如表4-3。

表4-3 不同年龄段教师的问卷调查总分均值和各指向得分均值M（SD）及差异比较结果

不同年龄段教师	n	总分		指向1		指向2		指向3		指向4		指向5	
		M	SD	M	SD	M	SD	M	SD	M	SD	M	SD
30岁以下	274	60.99	17.54	20.65	6.75	7.33	2.50	20.59	6.65	6.23	2.86	6.19	2.10
31~35岁	206	58.56	16.70	20.05	6.27	7.00	2.46	19.81	6.44	5.72	2.89	5.98	2.03

（续上表）

不同年龄段教师	n	总分		指向1		指向2		指向3		指向4		指向5	
		M	SD	M	SD	M	SD	M	SD	M	SD	M	SD
36～40岁	226	57.35	19.88	19.49	7.30	6.73	2.84	19.37	7.68	5.73	2.85	6.02	2.37
41岁以上	236	53.87	16.28	17.92	5.83	6.51	2.39	18.21	6.28	5.58	3.00	5.65	1.94
F		7.05***		7.76***		4.83**		5.37**		2.56		2.85*	

注：*表示 $p<0.05$，**表示 $p<0.01$，***表示 $p<0.001$。

从表中可以看出，这四个年龄段的教师，除教学反思指向4，即教育改革指向的得分不存在差异外，在教学反思指向的总分及其他各教学反思指向的得分方面都有显著差异，而且都是年龄越大，得分就越低。这就表明，年龄越大就越看重教学反思，反思积极性就越高。

（三）不同教龄段教师的问卷调查总分均值和各指向得分均值M（SD）及差异比较结果

教龄毫无疑问会影响教师个人对教育教学现象的思考与认识。为了解不同教龄的教师的教学反思情况，本研究比较了1～5年、6～10年、11～15年、16～20年以及20年以上，五个教龄段的教师的问卷调查总分均值和各指向得分均值M（SD），并进行方差分析，结果如表4－4。结果显示，这五个教龄段的教师，除教学反思指向4和指向5，即教育改革指向和人际关系指向的得分不存在差异外，在教学反思指向的总分及其他各教学反思指向的得分方面都有显著差异，表现为未满20年教龄的教师，教龄越长，得分就越低；20年教龄以上的教师的得分，除了略高于16～20年教龄的教师的得分外，也比其他教龄短的教师的得分低。这就表明，当教师的教龄未满20年时，教龄越长，教学反思积极性就越高；20年教龄以上的教师仍然有很高的教学反思积极性，但与16～20年教龄的教师相比，积极性有所降低。

表 4-4　不同教龄段教师的问卷调查总分均值和各指向得分均值 M（SD）及差异比较结果

不同教龄段教师	n	总分		指向 1		指向 2		指向 3		指向 4		指向 5	
		M	SD	M	SD	M	SD	M	SD	M	SD	M	SD
1～5 年	173	61.16	17.51	20.87	6.94	7.40	2.50	20.42	6.70	6.22	2.98	6.24	2.16
6～10 年	204	60.42	17.27	20.53	6.46	7.28	2.46	20.56	6.58	5.99	2.94	6.05	1.96
11～15 年	173	57.18	18.90	19.43	6.93	6.69	2.76	19.50	7.02	5.60	2.77	5.97	2.32
16～20 年	193	54.64	17.44	18.39	6.56	6.50	2.57	18.33	6.70	5.58	2.83	5.84	2.17
20 年以上	183	55.01	17.83	18.38	6.32	6.69	2.56	18.60	7.07	5.61	3.01	5.74	2.03
F		5.33***		5.73***		4.54**		4.24*		1.84		1.496	

注：* 表示 $p<0.05$，** 表示 $p<0.01$，*** 表示 $p<0.001$。

（四）不同专业技术职务教师的问卷调查总分均值和各指向得分均值 M（SD）及差异比较结果

申继亮教授等认为，教师个体专业化发展的心理机制的实质在于教学反思。这就是说，教师个体专业化的发展离不开教学反思这一高级的认知加工活动，教师不进行教学反思无益于专业发展。担任不同级别专业技术职务的教师，其专业技术水平是有差异的。那么，他们对教学反思的认识以及教学反思的积极性是否有差异呢？考虑到这一问题，我们对不同专业技术职务教师的问卷调查总分均值和各指向得分均值 M（SD）及差异进行了比较，结果如表 4-5。从中可以看出，分别担任初、中、高级专业技术职务的教师，在教学反思指向的总分及其他各教学反思指向的得分方面都有显著差异，表现为专业技术职务越高，其得分就越低。这反映出，专业技术职务越高的教师，其教学反思的积极性也越高。

表 4－5 不同专业技术职务教师的问卷调查总分均值和各指向得分均值 M（SD）及差异比较结果

不同专业技术职务教师	n	总分		指向 1		指向 2		指向 3		指向 4		指向 5	
		M	SD	M	SD	M	SD	M	SD	M	SD	M	SD
初级职务	235	61.17	18.21	20.75	6.96	7.36	2.66	20.57	6.95	6.20	3.10	6.29	2.12
中级职务	483	56.79	17.72	19.23	6.54	6.75	2.56	19.24	6.87	5.69	2.83	5.87	2.18
高级职务	166	54.39	17.25	18.13	6.16	6.70	2.56	18.37	6.75	5.51	2.98	5.68	1.89
F		7.95***		8.21***		4.97*		5.38**		3.31*		4.79**	

注：* 表示 $p<0.05$，** 表示 $p<0.01$，*** 表示 $p<0.001$。

四、讨论

（一）教师教学反思内容的基本指向有 5 个

教学反思是教师个体专业化发展，提高教育教学水平的根本性的心理活动。教师不反思教学就难于发展，甚至于无发展，教师展开了反思活动才有专业化发展的可能，也只有这样才有望不断地提高教育教学水平。那么，教师的教学反思所指的具体内容是什么呢？这就是教师教学反思内容的问题，也就是教学反思的对象。对这个内容或对象，我们不但要从理论上进行深入的分析探讨，还要去调查了解目前广大教师实际上的教学反思内容的具体指向。这是了解教师的教学反思现状，促进教师的教学反思不可或缺的基本研究工作。申继亮教授等在综述有关文献的基础上，对教师教学反思的内容进行了深入的理论研究，认为反思内容是教学反思得以进行的载体，主要指已经发生或正在发生的教学活动以及支持这些教学活动的观念和假设。他们从教学内容的广度和深度两个方面对教师的教学反思内容进行了深入分析。教学内容的广度即教学反思的指向，包括课堂教学指向、学生发展指向、教师发展指向、教育改革指向和人际关系指向。①

① 申继亮，刘加霞．论教师的教学反思．华东师范大学学报（教育科学版），2004（3）：44～49.

本研究问卷是在大量查阅文献，以及对部分中学教师进行访谈的基础上所编制的，项目分析表明区分度好，因素分析所提取的每个公共因子所包含的题项均与申继亮教授的理论观点相吻合。这就说明，教师教学反思的5个指向的划分是合理的，符合当前的教师教学反思的实际。这就进一步反映出，教师们在教学反思的过程中，不但会去思考课堂教学中的问题，比如通过剖析自己的教学过程以发现问题，认真琢磨教学内容的安排来发现问题；会积极探寻影响学生发展的问题，比如，反问自己，在促进学生的逻辑思维能力发展方面做好了吗？课堂上与学生的沟通方式恰当吗？等等；而且对自身专业水平的提高，教育教学改革，和谐人际关系的建立等方面的问题也都会去进行反思。由此来看，申继亮教授等人关于教师教学反思指向的理论思考是符合当前教师教学反思的实际的，课堂教学指向、学生发展指向、教师发展指向、教育改革指向和人际关系指向是教师教学反思的5个基本指向。

（二）教师教学反思的积极性比较高

我们编制的是教师教学反思内容指向问卷，初衷是要了解教师的教学反思内容究竟包括哪些。这一初衷可以说是达到了，上文也对此进行了讨论。如果我们对问卷题项的具体内容做更具体的考察，就可以发现，本问卷也是对教师教学反思积极性的调查。因为，各题项都有“我常常……”，“我注重……”，“我会……”等要求被调查的教师从“完全是这样”、“基本上是这样”、“有时这样”、“基本上不是这样”、“完全不是这样”这5个选择项中，选择一个与自己的实际情况相符的答案。很明显，教师的选择项也能反映出他的教学反思积极性。比如，问卷的第7题项“下课后，我会经常探寻学生在课堂上的学习表现背后的原因”。如果教师选择“完全是这样”，这就反映出他是能够经常地、积极地探寻学生的学习动机并进行教学反思的；如果教师选择“完全不是这样”，这就说明他是不分析学生的学习动机的，很少，甚至不进行教学反思。教师对其他题项的回答也是一样，选择项不同，也就反映了他的反思积极性不同。所以，本问卷调查也同时调查了教师的教学反思积极性。5 个选择项，即“完全是这样”、“基本上是这样”、“有时这样”、“基本上不是这样”、“完全不是这样”，分别赋值 1、2、3、4、5 分。教师的得分越低，表示其教学反思的积极性就越高。

统计分析结果表明，教师在 5 个教学反思指向方面的得分都是：低分教师占了 40% 以上的比例，中等分数的教师除指向 4 是 39.1%，其他指向都超过了 50%；低分教师和中等分教师的比例显著比高分教师的大。这反映出教师教学反思的积极性是比较高的。当前，教师对教学反思之所以会有比较高的积极性，可能是因为：第一，在 20 世纪末从北美洲国家开始的、全球性的、强调培养反思型教师的积极思潮对国内教师研究领域产生了极大的影响，相关学者对教师的教学反思进行了大量研究，成果颇多；进而使广大教师对教学反思有比较充分的积极认识，反思型教师的理念越来越被教师们认可和接受。第二，近十年来，国内进行的中小学课程改革激活了广大教师的思维，使他们对教育教学改革给予了更多的关注和思考。第三，我国的优秀传统文化，如孔子、曾子的思想中蕴含的“学而不思则罔，思而不学则殆”，“日三省”，“慎思”等对我国广大教师有很大的影响。因此，广大教师有较高的教学反思积极性主要是受三大因素，即我国的优秀传统文化，教育教学改革的深入推进，以及当前国际教师教育强调培养反思型教师思潮综合影响的结果。这是政府教育行政部门、学校领导、广大学生和家长，包括广大教师自身都乐于见到的良好现象。但是，有积极性未必就是行动，教师有教学反思的积极性，未必就有实际的教学反思行动，特别是未必就有实际的高水平的教学反思行动。了解广大教师教学反思的实际行动，以及探讨教师教学反思的途径将是接下来要做的研究工作。

（三）经验和成长历程使教师更加重视教学反思

本研究采用一元方差分析的方法，比较了不同年龄和教学年限的教师，以及不同专业技术职务的教师的教学反思积极性。结果表明：不同年龄的教师，不同教龄的教师，以及不同专业技术职务的教师之间，教学反思的积极性差异显著；年龄越大的教师，教学反思的积极性越高；教龄越长的教师，教学反思的积极性越高；专业技术职务越高的教师，教学反思的积极性越高。这在一定程度上是对波斯纳（G. J. Posner，1989）提出的教师成长公式："经验 + 反思 = 成长"的实证支持。一般而言，教师的年龄大，其教龄也是比较长的，教学经验也是比较丰富的。这样的教师，可能在多年的教育教学生涯中认识到了教学反思的重要性，知道教师要进行教学反思才能更好地搞好教学。不过，本研究发现，在教师未达到20年教龄前，教龄越长，教学反思的积极性越高，20年教龄以上的教师仍然有很高的教学反思积极性，但与16～20年教龄的教师相比，积极性有所降低。这可能是从教20多年以后，其职业倦怠也比较明显了。教师职业倦怠是指教师不能顺利应对工作压力时的一种极端反应，是教师在长时期压力体验下而产生的情感、态度和行为的衰竭状态；主要表现为情感耗竭（emotional exhaustion）、人格解体（depersonalization）和成就感低落。其中，情感耗竭，指的是教师的情感资源过度消耗、疲乏不堪、精力丧失、工作热情完全丧失，是职业倦怠最核心的方面[①]。从国内外的相关研究来看，教师职业倦怠是比较普遍的，有些教师甚至有严重的教师职业倦怠。教师在从教20多年以后，出现职业倦怠不足为奇；对大多数教师而言，长期从教后出现轻微的职业倦怠也是正常现象。而专业技术职务越高的教师，教学反思的积极性越高，极有可能是教师自己的专业发展历程使其更加注重教学反思。教师专业技术职务的晋升是有业绩条件要求的，担任较高专业技术职务的教师，所做出的教学业绩比较丰富，教学水平也比较高。或许正是他们经常性的教学反思提升了他们的教育教学水平。因为有一个显而易见的事实，也算得上是规律，即不论何种工作，日复一日地机械重复是不会向前发

① 孟慧，梁巧飞，李永鑫等．教师工作满意感与工作绩效：职业倦怠的中介效用．心理发展与教育，2009（1）：102～107.

展、得以提高的。教师的教学工作亦然。

由上分析，经验和成长历程使教师更加重视教学反思。经验越是丰富的教师，专业技术职务越高的教师越注重教学反思，教学反思的积极性也都越高。

五、结论与启示

（一）结论

本研究得出如下结论：教师教学反思内容的基本指向有 5 个，即课堂教学指向、学生发展指向、教师发展指向、教育改革指向和人际关系指向；当前，中小学教师的教学反思积极性比较高，经验越是丰富的教师，专业技术职务越高的教师越注重教学反思，其教学反思的积极性也就越高。

（二）启示

基于上面的研究结论，我们明显可知，广大教师的教学反思积极性是比较高的，特别是经验丰富的教师，专业技术职务高的教师更注重教学反思。但今日学校教育中仍然存在诸多问题，比如，片面追求升学率，不注重培养学生的良好学习策略和学习习惯，甚至辱骂、体罚学生等严重的不良教师行为也时有所闻。这就很自然地会想到这样一个问题，即教师的教学反思积极性高，为何教学效果却不佳呢？是广大教师仅有教学反思的热情，却没有教学反思的行动；还是这二者都有，却缺乏教学反思的相关知识或者教学反思的方法不科学、不恰当呢？这是值得我们去深入调查和研究的。

第五章　教师的教学监控

监控是使行为，不管是群体行为还是个体行为，都朝向欲达目标（群体目标或个体目标），以及更好地实现该目标的重要机制。毫无疑问，教师的教学行为也是这样，同样需要监控才能取得教学实效。不过，教师对自己教学行为的监控不是那种监控主体与监控客体分开的通常意义上的监控，而是监控主体与监控客体合一（都是教师自己）的特殊形式的监控；是教师把自己的所有教学行为，包括外显教学行为和内隐教学行为，作为其监控对象的、特殊的监控活动，也是教师特殊的思维活动。关于教师的教学监控，申继亮教授等国内专家学者已经做了深入、系统的研究。本章将以他们在这方面的重要成果为基础来讨论教师的教学监控。

第一节 什么是教学监控

一、教学监控的含义、类型与特点

申继亮教授等人在对教师的教学思维能力进行系统、深入的研究过程中，受心理学三大理论（言语的自我指导理论，社会认知理论和认知建构理论）的启发，创造性地提出了教师教学监控能力这一概念。

言语的自我指导理论（Theory of Self-instruction）是由苏联著名心理学家维果斯基（Lev Vygotsky）等人提出来的。其主要观点是，个体的自我言语在其调节与控制行为的过程中扮演着一种先行者（behavioral antecedents）的角色，为激发、推动、调节和维持行为的发生和发展提供了辨别性的行为指导线索和条件性强化物。言语能力的形成和发展，特别是内在言语自我监控能力的形成和发展，使个体形成通过内部言语对其行为进行控制和调节的能力。随着个体对外界言语反应的不断内化，个体的这一能力也得以不断发展。

社会认知理论（Social Cognitive Theory）从行为、环境和个人内在因素三者的交互作用来解释个体行为的产生，认为个体的行为主要是由两类社会认知因素（Bandura，1985），即结果预期和效能预期决定的。结果预期是指人关于自己的某种行为能否导致自己所期望的结果的主观推测和判断；效能预期是指个体关于自己是否有能力完成某一行为的主观判断或推测。教师的教学行为也是受这两类社会认知因素的制约的。

认知建构理论（Cognitive Constructive Theory）指受认知心理学思潮的影响，许多心理学家纷纷从认知的角度来研究和探讨教师的教学过程，认为教师的教学活动从本质上说就是一种认知活动，是教师个人在头脑中建构的关于教学的观念和规则、学生发展等方面的对教学过程的独特认识，决定了他们的课堂行为和对其行为进行什么样的自我调节。个体的这些关于自我调节的“理论”也可以看成是元认知知识。个体以元认知知识为基础，对自己的教学活动所进行的元认知监控活动，也就是教学监控活动。

（一）教学监控的含义

申继亮教授等专家学者基于上述理论，也更多地考虑到教师研究应着眼于教师的教学活动，寻找影响教学效果的关键性因素，这样才能使教师研究深入下去，真正找到培养高水平教师的方法和途径，于是他们提出了教师教学监控能力这一概念。他们认为，教师教学监控能力，是指教师为了保证教学的成功、达到预期的教学目标，而在教学的过程中将教学活动本身作为意识的对象，不断地对其进行积极、主动的计划、检查、评价、反馈、控制和调节的能力。这种能力主要可分为三大方面：一是教师对自己的教学活动的事先计划和安排；二是对自己的实际教学活动进行有意识的监察、评价和反馈；三是对自己的教学活动进行调节、校正和有意识的自我监控。[①] 从申继亮教授等人对教师教学监控能力的这一解释来看，教师教学监控的对象是自己可观测的外显教学活动，即外显教学行为。毫无疑问，外显教学行为是教师教学监控最主要的对象，因为教师是通过其外显教学行为来影响学生的学习和发展的。但是，外显教学行为并不是教师教学监控对象的全部，因为教师还有内隐教学行为。从监控的先后顺序来考察，教师首先要监控的是内隐教学行为，然后才是外显教学行为；而且，对内隐教学行为的监控是更为关键的。因为不管是个体的外显行为还是内隐行为都是其人格的一部分，人格的内涵包含外显（可观察）和内隐（不可观察）两部分。个体的外显行为是自己和他人都能观测到的，这是人格特点最直接的表达，无论是当事人自己还是其他人都可以很容易地观察到。人格的内隐部分主要包括个体的内心情感和体验、稳定的动机以及生理生化反应模式和神经系统活动的变化。外显行为是由个体的内心体

---

① 申继亮，辛涛．论教师教学的监控能力．北京师范大学学报（人文社会科学版），1995（1）：67～75．

验、动机和生理反应决定的，并反过来影响其内心体验、动机和生理反应。[①] 个体的内心体验、动机和生理反应都是看不到、听不到、显现不出的内部心理活动，可统称为个体的内隐行为。它决定着个体的外显行为，外显行为又反过来影响着它。由此而推，教师的外显教学行为由其内隐教学行为决定，并反过来影响内隐教学行为。所以，教师对内隐教学行为的监控就显得更为关键了。

教师的教学监控是教师对其所有教学行为，包括外显的和内隐的教学行为进行的计划和安排，监察、评价和反馈，以及调节、校正和有意识的自我监控。这是教师对教学的全面的、系统的教学思维活动。教师在课堂教学活动的前、中、后都少不了教学监控，只有对整个教学活动都监控好了，才会有良好的教学效果。这就是教师教学监控的含义。

（二）教学监控的类型

关于教学监控的类型，分类的依据不同，类型划分也就不同。申继亮教授等人认为教学监控能力可以分为自我指向型（self-involved type）和任务指向型（task-involved type）两类。所谓自我指向型的教学监控能力，主要是指教师对自己的教学观念、教学兴趣、动机水平、情绪状态等心理操作因素进行调控的能力；而任务指向型的教学监控能力主要是指教师对教学目标、教学任务、教学材料、教学方法等任务操作因素进行调控的能力。根据教学监控能力的作用范围，教学监控能力可分为一般型和特殊型两类。前者是指教师对自己作为教育者这种特定角色的一般性的知觉、体验和调控能力，它是建立在教师所具备的有关教学的必要知识、技能和方法的基础上的，是一种超越具体教学活动的、具有广泛概括性、整体性的知觉、体验和调节能力；而特殊型的教学监控能力是指教师对自己教学过程中的各具体环节

① 王登峰，崔红．行为的跨情境一致性及人格与行为的关系——对人格内涵及其中西方差异的理论与实证分析．心理学报，2006（4）：543～552．

进行反馈和调控的能力。① 如果按监控对象的外显性和内隐性来分，我们还可以把教学监控分为外显教学监控和内隐教学监控两类。外显教学监控是指教师对教案、课件、课堂教学中的言行表现、课堂提问、作业布置和命题考试等可感知的外显教学行为的监控；而内隐教学监控是指教师对自己的外显教学行为背后的原因、理由、依据和假设，以及内心情感、体验和动机等内隐教学行为的监控。教师的外显教学监控和内隐教学监控有着非常紧密的联系，教师的外显教学监控受制于其内隐教学监控。因为，教师对教学目标的确定，对教学活动的安排，在课堂教学中的所有言行表现等外显教学行为，都决定于其看不见的、内部的原因、理由、依据或假设，即内隐教学行为。因此，教师首先要监控好自己的内隐教学行为，如教学观念或假设，作为教学依据的事实，教学的兴趣、动机、情感和体验等，然后才能监控好教学计划和安排、课堂互动、课堂提问，以及作业布置和考试等外显教学行为，进而才能收到良好的教学效果。专家型教师的思维特质有力地支持了这一点。有研究表明，专家型教师思维内容的特质是善于追问教育的基本问题，比如“教育到底要给学生留下什么”，以及学科基本概念、思想方法的来龙去脉等学科教学的基本问题。而纯粹的兴趣所带来的激情和自我实现的成功感，是专家型教师思维特质形成的内在动力。②

上述各种教学监控并不是完全不同的，它们之间也有交叉重叠的内容，只是按不同的依据来划分而已。自我指向型的教学监控、一般型的教学监控和内隐教学监控三者之间有很多的交叉和重叠；而任务指向型的教学监控、特殊型的教学监控和外显教学监控三者之间也有很多的交叉和重叠。教师熟悉了解教学监控的这些分类，有助于其教学监控能力的提高。

---

① 申继亮，辛涛. 论教师教学的监控能力. 北京师范大学学报（人文社会科学版），1995（1）：67～75.

② 刘加霞. 专家型教师思维特质研究：基于华应龙深度教学思考的分析. 中小学管理，2012（5）：8～12.

(三) 教学监控的特点

教学监控能力是教师对自己的教学活动所进行的积极、主动的评价、反馈和调节，有能动性、评价与反馈性、调节与校正性、普遍性和有效性五个特征。教学监控除了这些特点外，还有元认知活动与内隐性等特点。下面对这些特点予以简单介绍和阐述。

1. 能动性

本章的开头部分已指出，教学监控不是一般意义上的监控主体与监控客体分开的监控，而是监控主体与监控客体合一（都是教师自己）的特殊形式的监控。因此，能动性就成了教学监控最明显的特点。教师的教学监控能力有别于各种形式的外在监控，它是教师自主地管理和调节自己的教学活动的能力，而不是在外界压力和要求下被动进行反馈和调节的过程。这种能力最重要的特征就在于其能动性。[①] 教学监控的这一特点要求教师有良好的教师职业理想，有教师的使命感和责任感，积极主动地准备教学，组织教学，检查和调节教学活动。

2. 评价与反馈性

评价和反馈性是教师教学监控能力的基础，教师的教学监控过程都是从其对教学活动的反思、评价与反馈开始的。[②] 教师教学监控不是简单的“看一看，听一听”，而是要保证教学顺利而有效地展开，以收到最好的教学效果。这就要求教师一方面要全面、客观地掌握自己的教学活动的变化情况，另一方面要认真地审视和检查教学活动的效果。这就是教学监控的评价与反馈性。

3. 调节与校正性

调节与校正性是教学监控能力的目的。教学监控能力的根本作用就在于它使教师能有意识地、自觉地对自己的教学活动进行

---

① 申继亮，辛涛．论教师教学的监控能力．北京师范大学学报（人文社会科学版），1995（1）：67～75．

② 申继亮，辛涛．论教师教学的监控能力．北京师范大学学报（人文社会科学版），1995（1）：67～75．

调节和修正，使之达到最佳效果，能最大限度地促进学生的发展。高水平的调节与校正性是优秀教师的突出表现。[①] 现实情况确实如此。如果一个教师习惯于一个教学模式，面对不同特点的学生、不同的教学内容都是一个样，没有一点点的调节与校正，其教学效果不可能很好。

4. 普遍适用性

申继亮教授等人在《论教师教学的监控能力》一文中阐述了教师教学监控的普遍性特征。更具体地说，这是一种普遍适用性特征。因为他们是这样解释普遍性这一特征的：教师一旦形成了教学监控能力，就能对千差万别的教学活动进行有效的监控，教师对自己的教学所进行的监控活动是不同教学活动所具有的共同特征。教师在不同教学情境下所进行的监控从本质上说是相同的，教学监控能力具有广泛的迁移性。不难理解，他们所阐述的普遍性，从更具体、更明确的表达来看，就是指普遍适用性。

5. 有效性

教师进行教学监控的根本目的是尽可能采取各种调控措施，使自己的教学过程达到最优化，从而获得最佳的教学效果，使学生更好地发展。具有较高教学监控能力的教师，他们对教学活动的调节水平也是最有效的。[②] 研究表明，教师教学监控能力的发展会促进其教学认知水平的提高和教学行为的改善；教师教学监控能力的发展最终会显著地促进学生学科能力的发展，也会显著地提高学生的学习成绩。[③] 因此，有效性也是教学监控的重要特点。

6. 元认知活动与内隐性

元认知是比认知活动高出一层的认知活动。如果说认知活动

---

① 申继亮，辛涛．论教师教学的监控能力．北京师范大学学报（人文社会科学版），1995（1）：67～75.

② 申继亮，辛涛．论教师教学的监控能力．北京师范大学学报（人文社会科学版），1995（1）：67～75.

③ 申继亮，辛涛．关于教师教学监控能力的培养研究．北京师范大学学报（人文社会科学版），1996（1）：37～45.

是“知其然”的话，那么元认知就是“知其所以然”。[①] 教师的教学监控是主动的、有目的的，也是有其“所以然”的。教师教学监控最主要的“所以然”就是其元认知。而在元认知结构所包括的元认知知识、元认知体验和元认知技能三大要素中，有相当比例的内隐成分，如元认知体验和内部技能都是内隐性的。再就是，前面提到，教师的教学监控对象既有内隐教学行为，又有外显教学行为，而且对内隐教学行为的监控是更为关键的。所以，教学监控有元认知活动与内隐性这一特点。教学监控的这一特点要求教师加强对教学活动的元认知的学习、反思和实践。

从以上对教学监控的含义、类型和特点比较全面的阐述中不难看出一点——教师的教学监控少不了对教学问题的诊断。因为，教师在有意识地控制、监察和评价教学活动的过程中要善于发现教学问题，分析教学问题，这样才能更有效地调节和校正教学活动。可以说，教师发现和分析教学问题是其教学监控过程中不可或缺的重要思维形式。因此，教学问题诊断能力应是教师教学监控能力的重要组成部分，教师在教学监控过程中要有强烈的教学问题意识。

二、教学监控的意义

教师的教学监控能力不仅是其教学活动的控制执行者，而且是其教学能力的集中体现，也是教学能力诸成分中最高级的成分。教学监控的意义体现在：

（1）提高教学有效性。教师教学监控的根本目的就是保证教学的成功，是为达到预期的教学目标而自觉、主动进行的特殊的教学思维活动。教师的这一活动可以使其教学有更科学的计划和组织，出现更少的教学问题，收到更好的教学效果。教师的教学监控是有效教学不可或缺的教学思维活动。申继亮教授等人的研

① 霍涌泉，粟洪武．教师元认知技能研究及其培训途径．教育研究，2003（6）：38～41．

究也表明，教师的教学监控能力与其教学水平存在显著的正相关，教学水平高的教师，其教学监控能力一般也高。在具备一定的学科知识后，教学监控能力就成为影响教师教学效果的关键性因素。①

（2）提升教师专业化水平。之所以说教学监控有提升教师专业化水平的意义，主要理由有两个。首先，教学监控要发现教学问题并分析问题，这一过程包含了教学反思这一心理活动成分，而教学反思可以促进教师专业化是专家学者们的共同观点。其次，教师的教学监控有元认知活动与内隐性这一特点。教师在教学监控过程中的元认知活动有助于其教学元认知水平的提高，从而提升专业水平。教师在教学监控过程中对自身内隐行为的监控有助于其内部的"内隐教学理论"的优化，进而促进其专业化水平的提高。所以，教学监控具有提升教师专业化水平的意义。

上述两点是教学监控最主要的意义。此外，从教师教育方面来看，教学监控也是指导教师教育的重要理论。着力培养并提高教师的教学监控能力是教师教育的重要任务。

第二节　如何进行教学监控

教师的教学监控是主动的教学思维活动，既会受到教师自身的人格、动机、情绪与情感以及知识和观念等心理因素的影响，又会受到教师所在的社会文化环境，特别是具体的工作环境和人际关系等的影响。而且，教学监控作为对教学活动本身的认知加工活动，教师对教学活动的各个环节和内容要有高度的敏感性，要善于洞察其中的关键性内容、活动以及其中存在的问题，然后才能进行良好的教学监控。因此，教师要提高教学监控能力，一方面，政府教育行政部门和学校，甚至整个社会都要一起努力，

---

① 申继亮，辛涛．论教师教学的监控能力．北京师范大学学报（人文社会科学版），1995（1）：67～75．

为教师创造良好的工作环境；另一方面，教师自身要通过经常性的有效学习、练习和必要的训练来不断提高自身素质，以提高自己对教学活动各个环节和内容的敏感性、洞察力，进而才能提高教学监控能力。考虑到本书的第九章，即“教师教学思维的促进”这一章，会对如何促进教师思维这一问题进行探讨，在此暂不讨论如何为教师创造良好的工作环境这一问题。下面着重从教师方面来讨论如何提高教学监控能力。

一、提高自身心理资本

在积极心理学运动的影响下，著名组织行为学家、美国前管理学会主席弗雷德·卢桑斯（Fred Luthans）于2004年提出积极心理资本（positive psychological capital）的概念后，作为不同于经济资本、人力资本和社会资本而新提出的资本——心理资本（psychological capital），得到了国内外专家学者的普遍关注和研究。心理资本不是心理特征，不会像心理特征一样难于改变，我们可以通过个人努力来改变它、提高它；心理资本也不是一种变动性很大、不便于利用的心理状态，我们可以充分利用它来为人类自身服务。目前，大多数心理学家认为心理资本是介于心理特征和心理状态之间的一种心理能力。所谓心理资本，是指符合积极组织行为学（positive organizational behavior）标准（可测量、可开发和可用来提高工作绩效）的积极心理能力或要素，主要包括个体的自信（confidence）或自我效能感（self-efficacy）、希望（hope）、乐观（optimism）和坚韧性（resilience）等基本心理力量（Luthans F & Youssef C M，2004；仲理峰，2007；柯江林等，2009）。[①②] 现有研究表明，教师的这样一种心理力量可以激发动

---

① 仲理峰．心理资本研究评述与展望．心理科学进展，2007（1）：37～45.

② 柯江林，孙健敏，李永瑞．心理资本：本土量表的开发及中西比较．心理学报，2009（9）：875～888.

机，促进工作投入。[1] 中小学教师的心理资本对其工作绩效具有显著的正向影响。[2] 由此不难推知，教师的心理资本对其教学监控能力有积极的影响。因此，教师要通过积极学习、努力实践和自我完善等途径来提高自己的心理资本。

二、养成良好的教师人格

人格在心理学中也被称为个性，是一个人的才智、情绪、愿望、价值观和习惯的行为方式的有机整合，它赋予个人适应环境的独特模式。[3] 从人格这一定义可知，人格是人与人之间的心理差异的集中表现。人的向往追求不同，兴趣爱好不同，对待同样的工作每个人的态度和努力程度也不同，根本原因就在于人格不同。一个有着优良人格的人，往往有良好的工作动机，对工作抱有良好的愿望，相信自己的工作是有价值的，会满腔热情地工作，并在工作中把自己的聪明才智充分发挥出来。教师要进行良好的教学监控同样要有良好的教学动机，要对教学抱良好的愿望，相信自己能做好教书育人的工作，并认可自己所从事的教育教学工作是有重大价值的，能热情而又专注地投入教学工作，努力使自己在平凡的教学工作中发挥聪明才智。因此，养成良好的教师人格是教师进行教学监控的前提条件，教师应经常强化人格修炼。

三、不断学习、优化观念

学校的教育教学工作是典型的用专业知识进行劳动的专业技术工作之一，要求教师有系统的、扎实的教师知识。教学监控作为教师劳动极其重要的部分定当以知识为先决条件。作为一名教

---

① 毛晋平，谢颖. 中小学教师心理资本及其与工作投入关系的实证研究. 教师教育研究，2013（5）：23～29.

② 吴伟炯，刘毅，路红，谢雪贤. 中小学教师心理资本对其工作绩效的影响. 教育导刊，2013（7）：27～29.

③ 黄希庭. 心理学导论. 北京：人民教育出版社，2007.

师，教师知识越系统、越扎实，其教学监控效果就会越好。专家型教师之所以能在教学的过程中积极、主动地对自己主导的教学活动进行科学合理且有效的计划、检查、评价、反馈、控制和调节，根本原因就在于他们头脑中的知识结构比一般人更合理。有研究指出，专家运用知识比新手更有效；专家与新手相比（在专长领域里），能在较短的时间内完成更多的工作；专家比新手（同样也是在专长领域里）更有可能找到新颖和适当的解决问题的方法。[①] 因此，专家的优势就在于他（她）的专业知识结构比一般人合理。所以，如果教师想要很好地监控自己的教学，他（她）就应当努力学习，努力在自己的头脑中建构出像专家型教师头脑中一样优良的知识结构来。

教师知识是教学监控的先决条件，但不是充分条件，教师观念在教学监控中可以起到“定性”和“导向”的作用。教师所持的教育教学观念越恰当，越合理，其教学监控的效果也会越好。研究表明，影响教师教学监控能力的最主要的个人因素是教师所具有的相关教学活动的各种因素及其相互关系的知识和个人的实践经验。教师的教育观念会影响他们的知觉和判断，进而影响到他们的教学行为。[②]

因此，不断的专业学习（包括从经验中学习）是教师使自己成长为专家型教师的基本途径。教师要特别重视对教学的元认知知识和技能的学习。这是因为教学监控有元认知活动与内隐性这一特点，教师的元认知知识和技能对其教学监控有积极的，甚至是决定性的影响。同时，通过不断学习也可以优化自己的教育教学观念，从而更好地进行教学监控。这是因为，一方面，观念是客观世界在人脑中的反映；[③] 在本书的第二章第二节中也提到，

---

① R. J. 斯腾伯格，J. A. 霍瓦斯．专家型教师教学的原型观．华东师范大学学报（教育科学版），1997（1）：27～37.

② 申继亮，辛涛．论教师教学的监控能力．北京师范大学学报（人文社会科学版），1995（1）：67～75.

③ 商务印书馆辞书研究中心．新华词典．修订版．北京：商务印书馆，2001.

知识是人脑对客观事物的主观表征。从实质上看，观念和知识都是人脑对客观事物的反映，只是反映形式有所不同而已；观念和知识是密不可分的，没有知识就无所谓观念，任何观念都是以某一方面（或者说领域）的知识为基础的。个体在某一方面知识的增长，知识结构的优化是有助于其在相应方面的观念更新和优化的。所以，教师通过不断学习来积累知识和优化观念是提高教学监控能力的基本途径。

四、参加监控能力培训

教师的教学监控能力不是天生的，而是在实践中形成和发展的，经历了从开始形成时的简单、低水平，到多元、较高水平，再到高水平且趋于稳定自动化的过程。但是，教师对自身教学活动的监控，包含了为什么要监控，如何监控，以及监控时的注意分配、意志努力、情绪调控和监控技巧等方面的问题，这些都是可以通过培训来提高和发展的。申继亮教授等人依据有关的心理学理论，经过长期的教育实验，总结形成了两种教师教学监控能力的培训方法，即自我指向型的干预手段和任务指向型的干预手段。

自我指向型的干预手段有三种主要技术，即认知的自我指导技术、角色改变技术和归因训练技术。认知的自我指导技术主要通过认知—行为策略（cognitive-behavioral strategies）改变教师的思维定势，学会自我陈述的方法，最终使教师的认知和情感得以重建；角色改变技术旨在使接受培训的教师形成新的教育观念，使教师的角色由“经验型”向“科研型”转化，由“教书匠型”向“教学专家型”转化；归因训练技术旨在改变教师对自己的教学状况不合理的认识，强调通过自身努力可以使学生得到更好的发展。自我指向型的这三种技术的核心是相同的，即通过改变自我的内隐教学行为来实现对外显教学行为的有效监控。这些内隐教学行为主要包括教师的教学思维方法、内容和形式，教学动机、态度、情绪与情感，教育教学观念，特别是教学效能感，以及对教学有效与否的原因分析等等。

任务指向型的干预手段主要有教学策略培训、教学反馈技术和现场指导技术。教学策略培训旨在使教师了解科学的教学方法和策略，为教师掌握教学策略、提高教学水平奠定基础；教学反馈技术旨在使教师对自己的教学各环节有一个准确而客观的认识；现场指导技术旨在帮助教师针对不同的教学情景，选用最佳的教学策略，以达到最佳的教学效果，使实验教师最终能对自己的课堂教学进行有效调节和校正。① 很明显，任务指向型的干预手段是直接检视、调节和控制外显教学行为的。而对外显教学行为的检视、调节和控制则是最终决定教学监控效果的最重要的教学思维活动。教学监控的根本也在于对外显教学行为的监控。然而，我们要监控好外显教学行为，仅限于任务指向型的干预手段的培训学习是难有实效的。因为内隐行为对外显行为有决定性作用，因此在教师教学监控能力的培训中，要同时开展自我指向型的干预手段和任务指向型的干预手段这两种内容的培训，才能从根本上提高教师的教学监控能力。研究表明，自我指向型的干预手段和任务指向型的干预手段这两种教师教学监控能力的培训方法是有效的。②③ 因此，组织教师参加监控能力培训是提高教师的教学监控能力的有效举措。

综上所述，教师教学监控能力的提高，其动力源自教师个人。如果教师自己都不想监控自己的教学行为，就谈不上提高；如果教师有了提高的动力，即有了提高教学监控能力的动机，那就要从提高自身的心理资本、加强教师修养、努力学习教师知识与技能、积极参加教学监控能力培训等多种途径去努力，才能提高自己的教学监控能力。

---

① 申继亮，辛涛．论教师教学监控能力提高的方法和途径．北京师范大学学报（社会科学版），1998（1）：35～42．

② 申继亮，辛涛．关于教师教学监控能力的培养研究．北京师范大学学报（社会科学版），1996（1）：37～45．

③ 申继亮，辛涛．论教师教学监控能力提高的方法和途径．北京师范大学学报（社会科学版），1998（1）：35～42．

第六章　教师的教学问题意识

教育教学的进步和发展，很大程度上就是一个不断地发现教学问题、解决教学问题的过程。这一点，对全球教育教学，一个国家或一个地区的教育教学，一个地方的教育教学，一所学校的教育教学抑或一个教师的教育教学都是如此。举个例子来说吧！只要对教育心理学的发展历史有一定了解的人都知道，发现学习论，就是布鲁纳（Jerome S. Bruner）等教育心理学家发现了行为主义心理学的学习理论在指导学校教育教学实践中存在明显的，会导致学生刻板地、机械地学习，思维能力等得不到培养和发展等问题，为解决这些问题而创建出来的。在20世纪50年代，行为主义心理学获得了强势发展，行为学习论将学习过程解释为条件作用，认为学习就是个体处于一定的刺激情境当中产生的反应，这个观点对当时的美国乃至全球教育教学有着广泛而深刻的影响。然而，令美国人没有预料到的事情发生了——1957年，苏联率先发射了人造卫星，即斯普特尼克1号人造卫星，这震惊了美国教育界，认为美国太空科学的落后是由中小学科学教育失败导致的。由此，行为主义心理学的学习理论在指导实践中存在的问题就“浮出了水面”：它被普遍认为只能教学生机械地、被动地学习，不能教会学生思考，不能教会学生分析问题和解决问题。于是，布鲁纳的发现学习论受到了高度重视，进而有力促进了教育教学理论的创新和发展。所以，在很大程度上，教育教学理论的创新和发展是一个发现原有理论的问题以及解决该问题的过程。其实，每一位教师教育教学能力的发展和教育教学水平的提高，也是一个不断发现教学问题并解决教学问题的过程。教育教学的进步和发展，很大程度上就是一个不断地发现教育教学问题、解决教育教学问题的过程。这就要求广大教师有强烈的教学问题意识，善于发现并解决教学问题。

第一节 什么是教学问题

一、什么是教学问题

教学是学校实施素质教育，培养有创新精神和创造性人才的主渠道，它在促进人类的进步和社会的发展方面的重要性是不言而喻的。但是，教学活动与教学问题有并存性，人类的教学实践一直存在着这样或那样的教学问题，这恐怕是不争的事实。有学者指出，“教学未必都神圣，与人和社会一样，教学也‘患病’，教学疾病侵蚀着教学机体，危及着教学的发展和完善”[①]。因此，教学问题的存在既是客观事实，也有其一定的必然性。那么，什么是教学问题？要回答这个问题，得先回答什么是“问题”。美国学者纽维尔（Newell）和西蒙（Simon）对“问题”作了这样的描述：“当某人想要某种事物，该种事物可以定义为目标（goal）或解答（solution），却无法立即得知可以采取哪些动作以取得那样事物时，此人即面临问题。”[②] 根据这一解释，我们似乎可以这样来解释教学问题，即当教师无法立即得知该如何开展教学来实现教学目标，或者不知道教学目标是什么时，教师就面临教学问题。不过教学活动不同于一般的人类活动，教学的根本目的在于指导学生、帮助学生，让他们获得全面健康发展。因此，我们不能把教学问题的内涵局限为教师无法立即得知该如何开展教学来实现教学目标，或者不知道教学目标是什么这两种情况；教师自认为知道如何教，但所教无助于学生发展，甚至妨碍学生发展等情况也应属于教学问题。所以，我们更倾向于将教学问题定义为：教学过程中影响学生全面健康成长，影响学生能力发展，尤其是影响学生解决问题的能力的发展以及不利于培养学生

① 石鸥. 教学病理学. 长沙：湖南教育出版社，1999.

② 陈烜之. 认知心理学. 广州：广东高等教育出版社，2006.

的创新精神、创造性和创造能力的教学现象，它是与教学活动并存的。[①] 因此，凡是有碍学生全面健康成长，有碍学生能力发展，尤其是有碍学生解决问题的能力的发展以及不利于培养学生的创新精神、创造性和创造能力的各种主客观教学现象都是教学问题。这样的问题在教学实践中一直以来都存在着。本章开头部分已明确指出，教育教学的进步和发展，很大程度上就是一个不断地发现教学问题、解决教学问题的过程。要深入推进素质教育，提高教学水平，主要还是要靠广大教师不断地发现教学问题，解决好教学问题。讲到这里，读者可能就会问："教学实践中的主要教学问题有哪些呢?"紧接着，我们就教学实践中存在的主要教学问题作一简要分析。

二、教学实践中的主要教学问题

针对学校教育教学中影响学生成长发展的问题，中外学者都作过不同角度和程度的阐述。综合而言，目前教学中存在的问题主要表现为：

1. 重知识讲解（或灌输），轻能力培养，忽视全面发展

鉴于教育教学问题的普遍性和长期被忽视的情况，《学会生存——世界教育的今天和明天》一书中指出："千百万人们今天却正在发现，他们创造活动的两个组成因素（思想和行动）都已经瘫痪了。……教育既有培养创造精神的力量，也有压抑创造精神的力量。""仔细分析一下校内或校外任何层次的师生关系，我们就会发现，这种关系的基本特征就是讲解。这一关系包括讲解主体（教师）和耐心的倾听客体（学生）。在讲解过程中，其内容，无论是价值观念还是从现实中获得的经验，往往都会变得死气沉沉，毫无生气可言。教育正承受着讲解这一弊病的损害。……讲解（教师是讲解人）引导学生机械地记忆所讲解的内

---

① 曾拓，杨小洋，申继亮. 关于中小学数学教师对教学问题认知的调查分析. 心理发展与教育，2004（4）：74~78.

容。尤为糟糕的是，讲解把学生变成了‘容器’，变成了可任由教师‘灌输’的‘存储器’。教师越是往容器里装得完全彻底，就越是好教师；学生越是温顺地让自己被灌输，就越是好学生。……把学生的创造力降到最低甚至抹杀其创造力，并使学生轻信，灌输教育的这种能力符合压迫者（学生）的利益。”（Paulo Freire）有人甚至说，“某些教学实际上成了学生智力的屠宰场”，“现代教育是在大批地屠杀天才”，“学生的脑子习惯了只是在别人的脑子走过的路上活动”（Skatkin）。也有人认为“教学是在运用着传送带的原则，用大批生产的方法，把一年级的学生造就成中学毕业生，再把中学毕业生造就成大学毕业生”。这些抨击也许偏激，然而也点出了今日教学中忽视对学生能力的培养，甚至压抑学生创造性的问题的严重性。习惯性的讲解（或灌输），导致教师只讲自己知道的东西，不指导学生如何去获取自己尚不知道的知识，造成学生不会学习。对这一不良后果，在校学生未必都有清醒的认识，走出校门后才可能深感学校教育教学的失误所在。

被认为是20世纪初美国“黑幕揭发运动”中最杰出代表的斯蒂芬斯（Lincoln Steffens），在他的自传中抱怨在加利福尼亚大学学习期间，他的老师只教给了他已经知道的东西，却没有教会他如何去学习掌握不知道的知识，没有教他发现问题、提出问题的方式方法等（Merlin C.，1977）。这些现象足以反映出全球学校教学的一个通病：重知识讲解（或灌输），轻能力培养。

另外，国外有一项研究表明，在事业上成功的人士普遍反映在学校中所学的知识与他们的成功关系不大。① 成功的人士在学校中所学的知识与他们的成功关系不大的可能原因之一是，对教师习惯性讲解（或灌输）“塞进”大脑的知识没有理解透彻和真正掌握，难于灵活运用，更不要说创造性地运用了。可能原因之二是，成功人士（当然也包括未能成功的人们）在校所学的是各

① Sternberg，R. J. & L. Spear - Swerling. *Teaching for Thinking*. Washington，DC：American Psychological Association，1996.

门学科的明确而又具体的理论知识与技能；在跨出校门走进社会，拼搏创业走向成功的过程中，那些知识与技能未能在他们从事的行业（或者领域）有很强的显性运用，甚至根本用不上。但是，我们不能因为成功的人士普遍反映在学校中所学的知识与他们的成功关系不大，就认为学校教育教学没有价值，没有意义。学校的教育教学在人的全面健康发展过程中的重要性是不言而喻的。这一点在此不作讨论。仅就我们在学校学习各门学科的明确而又具体的理论知识与技能来说，通过学习储存在头脑中的这些知识与技能未必都要取出来用，也不可能都拿来用。但知识与技能中蕴含的思维方法，特别是在学习这些知识与技能的过程中培养和发展起来的思维方法，对我们的事业发展和成功有重要作用。当然，这些作用可能是不明显的、隐性的，甚至是潜移默化的。因此，学校的有效教学对学生的日后成功是有重要意义的。有效教学的一个重要标志应该是既能让学生学习掌握好知识与技能，又能使学生在学习知识与技能的过程中学习到良好的思维方法，智慧潜能得以开发和发展。这就要求广大教师对重知识讲解（或灌输）、轻能力培养、忽视全面发展的这一教学问题的危害性有清醒而足够的认识，并努力解决这一教学问题。

重知识讲解（或灌输）、轻能力培养、忽视全面发展既不利于培养学生发现问题、分析问题和解决问题的能力，也不利于培养学生的创新精神和创造性，更无法让学生全面健康地发展。因此，广大教师要本着培养学生、发展学生的教学精神，努力解决好这一教学问题。

2. 一切以分数为导向，死抠书本

学校的教育教学不能没有考试，量化考试结果也是比较科学合理、操作性强的评估学生的学习和发展的手段。然而，并非学生的所有学习内容都非考试量化不可，学生的考试成绩也绝对不是衡量教师的教育教学效果的唯一标准。但令人遗憾的是，学校教学中教师只要分数、学生只要分数、一起死抠书本的教学问题非常严重。“研究教材和设计教学过程是教师备课的中心任务，以教材为中心来认识学生……上课是执行教案的过程，教师的教和学生的学在课堂上最理想的进程是完成教案。教师期望的是学生按教案设想作出回答，教师的任务就是努力引导学生，直至得出预定答案……”（叶澜，1997）。时至今日，不少学校的课堂教学，仍然受着“应试教育”思想的支配。例如：面向少数优秀学生，忽视大多数学生的学习与发展；在学科教育中，重视知识传授，忽视德育、体育、美育和生产劳动教育；在个性教育方面，重视智力开发，轻视心理素质和能力的培养；在教学方法上，习惯于机械的、重复的训练方法，造成学生课业负担过重；在对学生的评估方面，仍然以考分作为唯一的评价标准等等（杨文荣，1998）。有人对学校教育教学中存在的师生只要“分数”、“以书本为中心”的教学问题作了更具体的阐释。为了应付考试，教育的天职被人们误认为就是教师将凡与考试有关的知识悉数教给学生，而且要在有限的时间内完成。为了尽快传授尽可能多的知识，一个有效的途径就是赋予书本知识无上的权威，用强迫的方式，要求学生无条件地记忆、信奉。……我们的教育所具有的“以书本为中心”的特点还有着另外一种含义，就是这个书本所指的只是跟考试内容有关的课本、教材，只有这些书本才是教师和学生关注的中心。至于与考试关系不大，或者不考的，则全在被忽视、忽略、冷落之列。因此，师生只要分数、只抠书本是普遍存在的教学问题。只看分数，死抠书本，教师不但把与考试关系不大，或者不考的，全部忽视、冷落，而且兴趣、方法、能力和个性等等全都无暇顾及，也不愿顾及。由此而引出的教学问题恐怕难以一一描述。

3. 形成教师权威中心，学生缺乏自主学习能力

“教师权威是指学生在崇高人格的养成、文化知识的占有、人生经历的丰富诸方面对教师作用的认可和对教师形象的崇拜，以及由此引发的教师对学生心理的影响”（王永峥，1995）。教师在学生中没有必要的权威不行，但是，如果教师没有合理正确的学生观，就容易形成教师权威中心，抑制教学应有功能的实现。

有的学者把教师的权威中心称作权力主义或独裁主义，并指出权力主义或独裁主义的主要表现有四种：①知识传播中的武断行为，不容学生提出质疑；②认识过程中的教条主义，即只传播各种固定的知识、固定的信仰，并不说明其理由，强迫学生机械记忆而忽视对知识的理解，不教授学生发现知识的方法；③教师滥施权威，凭自身好恶奖惩学生，利用各种权力手段使学生处于屈从和谦卑状态；④不根据学生差异加以妥善引导，对于学生的个性发展和理性的生活方式不因材施教（欧阳文，1999）。教师权威中心的受害者是学生，教师的权威中心导致学生僵化地学习，甚至痛苦地学习，严重抑制了学生的思维发展。有学者分析了教师的权威中心对学生思维发展的影响，“学生的求异思维得不到发展，探究精神得不到培养，思维的积极性得不到鼓励，甚至一些超出常规的创造性的灵感和思维火花还会因其与教师设计好的答案不相符而受到讽刺、嘲弄和呵斥”（郅庭瑾，2001）。

教师权威中心的另一种表现是“把学生主要当作需要接受教育的被动者；重视对学生的现实状态的评价（如按学习成绩把他们分别归结为好、中、差），忽视学生的潜在发展可能性；习惯于按统一的标准和尺度去衡量、要求学生，不注意学生的个别差异性”（叶澜，1998）。所有这些教师权威中心的种种表现，从教学活动的计划、实施到教学效果的考评等等都是由教师个人主观决定的。因此，教师权威中心导致失去学生的自主学习中心地位也是专家学者非常关注的教学问题。

4. 教育观念、方法陈旧，教育教学价值失落

“更新教育观念”这一口号被教育工作者及所有关心教育、关心社会、关心年青一代成长的人士长期而又重复地呐喊着。然而，中小学教师的教育教学观念、教育教学方法及他们对教育教学价值的认识依旧没有改变。观念依旧的表现之一是对“基础”认识狭窄化、短期化。“在我们现行的中小学教育实践中较普遍地存在着对‘基础’认识狭窄化、短期化问题。所谓狭窄化，就是把‘基础’具体理解为学好学校开设的主要科目，它们往往是

那些要考试的、知识性强的，如语文、数学、外语等，或者是当前社会上较重视和强调的，如计算机等。不少人还认为，加强了外语和计算机教学，就算体现新的基础要求了。所谓短期化，是指强调基础教育对近期的、可测量的考核、评比标准的满足。比如，把学科教学的价值定位在考试成绩提高；把思想品德教育的成效对准文明评比；把体育、美育的成功归结为参赛得奖；把学校工作计划对准上级本学期要抓的中心任务；把教育质量等同于升学率等。其后果是学校围绕着'考'、'评'、'赛'、'查'等具体要求转，尽管大家工作得辛苦又到位，但却渐渐丢失了中小学教育更为根本和长远的价值——对社会发展和青少年发展的奠基性价值"（叶澜，1998）。对"基础"认识狭窄化、短期化的结果是，教师忘了基础教育应有的"生命性"、"社会性"和"未来性"价值，即教师在教育教学过程中轻视学生个体生命多方面发展的价值，认识不到教育过程也是学生社会化的过程，忽视中小学教育最核心的价值——为学生的终身学习与发展奠定基础。

观念依旧的表现之二是教学方法陈旧落后。现实的中小学教学中只要学生记忆，不要学生思考；嘲讽学生的想象，压抑学生的创造性的现象很普遍。有学者（秦瑶，2000）指出："中国文化的大一统观念使我们忽视个性、忽视创造，在课堂教学上对学生追求思维的统一，缺少多元化的思考问题的方式，缺少科学创新所必备的怀疑和求异精神，导致教法单一，用大量时间强化训练学生的记忆和解题技能。所有问题都由教师设计，答案由教师提供，教师'滔滔不绝'，学生'哑口无言'，学生一直处于被动状态。师生关系单一僵化，教师'唯我独尊'，学生'唯命是从'。"

观念依旧的表现之三是教师学生观的陈旧。学生观的表现是多种多样的，申继亮教授认为其主要包括三个方面，即关于学生发展的看法、关于学生个体差异的看法以及关于学生主体性的看法。目前，中小学教师关于学生这三方面的看法依然陈旧，很多教师把学生看作被动学习的客体，忽视学生的主动性、潜在性和差异性。“现实中常见的观念是把学生主要当作需要接受教育的被动者；重视对学生的现实状态的评价（如按学习成绩把他们分别归结为好、中、差），忽视学生的潜在发展可能性；习惯于按统一的标准和尺度去衡量、要求学生，不注意学生的个别差异性。”（叶澜，1998）

观念依旧的表现之四是学校教育活动观依然陈旧。学校教学活动单一，不会采取灵活多样的教育教学活动来促进学生的发展；各科教学互不沟通，各科教师只顾自己的教学任务；教师的教与学生的学没有互动，看不到师生活动的双边共时性特征。

教育观念、方法陈旧必然导致教育教学应有价值的失落。这同样是比较普遍存在的教学问题。

产生教学问题的原因是多方面的，有客观的，也有主观的。就主观而言，教师对教育教学的态度、看法等观念性的因素是主要的。教师作为教学活动的设计者和导演者，也是教学问题的主要解决者，因此教师要有强烈的教学问题意识。

第二节　什么是教学问题意识

教学问题的普遍存在导致素质教育难以深入推进。要深入推进素质教育，不断提高教学的有效性，就要不断地解决好教学中存在的教学问题。这就要求教师有强烈的教学问题意识。下面就什么是教学问题意识及其特征等问题进行探讨。

一、什么是教学问题意识

意识这一心理现象在心理学界是争论颇多的话题。但是，争论归争论，大家对意识的基本认识是比较一致的。这一致的认识主要有两点：一是意识是客观存在的心理现象。苏联著名心理学家维果茨基在《意识是行为心理学的问题》一文中指出：“从心理学来看，意识是不容置疑的事实，是头等的现实，而且是具有重大意义的事实，并不是副现象或偶然的现象，对此，谁也无法反驳。”二是意识是认识（或者说认知）活动，如我国已故著名心理学家潘菽教授所指出的，意识是人对客观世界的认识，包括对外在事物或情感的认识活动，包括对自己的内在活动的认识活动，也包括对自己的认识活动的认识活动，即对意识的意识。[①]因此，从实质上看，意识活动就是认识活动，意识现象就是认识现象，意识就是认识，属于认识能力的范畴。既然意识就是认识，那么，教学问题意识也就是对教学问题的认识。

本书对教师的教学问题意识定义为：教师对教学中妨碍学生全面地、健康地成长和发展的教学现象的认识。在性质上，教学问题意识是认识教学问题的能力，是教师发现教学问题、分析教学问题、解决教学问题的一种能力。

二、教学问题意识的特征

教学问题意识是特殊的意识，属于教师教学能力的范畴。它具有一般意识的特征，也兼有教学能力的部分特征。综合而言，教学问题意识有以下几个特征：

1. 教学问题性思维

上面谈到，意识在本质上是一种认识活动。这种认识活动既有感知觉的参与，又有思维的参与，而且以思维为主，这是意识研究专家、学者们较为一致的观点。比如，潘菽教授在论述意识和其他认识活动的关系时指出，意识包括感觉、知觉、思维这三种认识活动，因此，意识也就是由这三种认识活动所构成的，但以思维为主。[②]既然意识是以思维活动为主的认识活动，那么，教学问题意识就主要是以教学问题为对象的思维活动，是有明显的教学问题性特点的思维活动。具体来说，教师的教学问题意识

① 潘菽．意识——心理学的研究．北京：商务印书馆，1998．
② 潘菽．意识——心理学的研究．北京：商务印书馆，1998．

表现为教师在教学观察、教学思考中，能经常察觉、思考到一些教学问题的存在，并产生一种困惑、焦虑、探究的心理状态，进而积极地分析教学问题，探寻解决教学问题的方法和途径。教学问题性思维是教学问题意识的重要特征，正是这一特征使得有强烈教学问题意识的教师善于发现教学问题，善于分析教学问题和解决教学问题。

2. 综合认识性

意识对客观事物的认识有一个明显的特点——综合性，它在反映客观事物时，既有感知觉的参与，也有思维的参与；既能反映事物的个别现象，也能从整体上对事物进行综合的反映。潘菽教授就曾指出，意识是“最概括的综合的认识活动”①。意识有综合性这一特征，教学问题意识同样也有这一特征，教师的教学问题意识也是教师对教学问题的综合认识。也就是说，教师在教学中对某一教学问题的意识不是部分的认识，而是整体上的认识；表现为既能认识到某一教学问题的表现形式，也能认识到这一教学问题的性质及其产生的原因和危害等；既知晓某一具体教学环节存在教学问题，也能认识到这一教学问题对其他教学环节的影响；既了解某一教学内容存在问题，也清楚这一教学问题对其他教学内容、目标或方法的影响。概而言之，有强烈教学问题意识的教师能从教学整体的高度综合认识教学问题，表现出对教学问题的综合认识性。

3. 发展变化性

教学问题意识具有发展变化性是必然的，这可从教学问题意识的内容，以及教学问题意识作为教师个人的重要教学能力两个方面来说明。首先，从教学问题意识的内容来看，社会的发展变化对学校教学工作的要求是不断提高的，人们对教学问题的认识也是发展变化的。有些教学现象，以前可能不被认为是教学问题，现在可能被认为是教学问题，甚至是严重的教学问题。因

① 潘菽．意识——心理学的研究．北京：商务印书馆，1998．

此，教师教学问题意识的内容是发展变化的。其次，教学问题意识作为教师重要的教学能力，会在教师不断认识教学问题、不断解决教学问题的教学实践中得以不断发展和提高。因此，教师的教学问题意识是发展变化的。

4. 能动调控性

意识这一认识活动是能动的，而不是被动的，个体在整个意识过程中是积极主动地感知认识对象、分析思考认识对象的。与此同时，个体在整个意识过程中还会对自身的感知活动和思维活动进行积极、主动的调节控制，以确保意识活动的顺利进行。教学问题意识同样具有能动调控性这一特征。有强烈教学问题意识的教师能够积极主动地观察、分析、思考自己或他人的教学，及时把教学问题诊断出来，并在这一过程中对自己的认知活动进行积极主动的调节和控制。能动调控性是教学问题意识的重要特征，它是教师发现、分析和解决教学问题的关键所在。

5. 评价诊断性

教师的教学问题意识是教师教学能力的特殊形式，既是教师教学监控能力的组成部分，也是教师教学反思能力的组成部分。教师在教学反思和监控过程中要监察和诊断教学问题，这就是教学问题意识的表现。有强烈教学问题意识的教师对教学的各种主客观因素往往能作出恰当的评价和诊断，表现出对有碍学生全面健康发展的教学现象的高度敏感性和良好的洞察力，并及时对它们作出正确的评价和诊断。因此，教师的教学问题意识有评价诊断的性质。

综上分析，教学问题意识具有教学问题性思维、综合认识性、发展变化性、能动调控性和评价诊断性等特征，其实质是以教学问题性思维，即分析思考教学问题为核心的教学问题认识能力。这种能力对每一位教师而言都是其教学能力必不可少的构成之一。因为教学工作是由复杂的、可能存在潜在问题的多种因素构成的，是始终处于动态发展的特殊社会活动。构成教学活动的基本要素本身也有问题存在的可能性，要使教学工作绝对不出问题是不可能的。相反，出现教学问题反而是常态。教育现实情况就是这样，旧的教学问题解决了，又会出现新的教学问题。可以说，教学的改革和发展就是一个不断解决教学问题的过程；教师不断解决教学问题的过程既是其职业成长的过程，又是其提高教学有效性的关键所在。所以，教师要有强烈的教学问题意识。在人们对学校教育教学的期待日益提高，对学校的教育教学改革有实质性有效突破的期望越来越迫切的今天，在高度重视教师的教育教学专长，高度重视教师的职业发展的今天，增强教师的教学问题意识就显得格外重要。那么，如何增强教师的教学问题意识呢？这一问题将在本书的第九章，即“教师教学思维的促进”这一章进行探讨。

第七章　关于教师教学问题意识的研究

教师的教学问题意识对其做好教育教学工作及自身教育教学水平的提高有着重要影响，而且这一意识本身就是教师教育教学能力的重要组成部分。因此，教师要有强烈的教学问题意识，教学问题意识是教师教育不容忽视的内容。那么，广大教师的教学问题意识是否强烈？影响教师们的这一意识的主要因素又有哪些呢？围绕这两个问题，我们做了相关的实证研究。本章主要介绍两个有代表性的研究。

第一节　中学教师教学问题意识的初步研究

一、问题提出

教师的头脑中能否形成教学问题取决于教师有没有强烈的教学问题意识。因此，教师的教学问题意识既是其教学监控能力的组成部分，也是其教学反思能力的组成部分。教师教学问题意识的发展水平，在一定程度上是教师教学监控能力和教学反思能力的反映。开展教师教学问题意识的研究，将会进一步发展和完善教师教学监控理论及教学反思理论。目前，在国内外均未出现这方面的实证研究。

人对某事物或现象的意识包含了人对这一事物或现象的认识；就实质而言，个体认识到了某一事物或现象与个体意识到了某一事物或现象是同样的心理现象。以个体意识到的事物或现象作为因变量对个体的意识展开研究不失为一种可取的研究思路。教师意识到的教学问题是其教学问题意识的标志，可采用定性与定量相结合的方法加以研究。

基于上述思考，我们提出这一课题的研究并着重探讨：

（1）中学教师意识到了哪些教学问题；

（2）中学教师的教学问题意识发展状况怎样。

二、研究方法

被试为广东省梅州市一所重点中学、一所普通中学、两所农村中学的 79 名数学教师。被试的人口学特征如下：

表 7－1 被试的人口学特征

项目	教龄（年）				
	1～5	6～10	11～15	16 以上	合计
性别					
男	7	14	13	6	40
女	11	11	10	7	39
学历					
大专	9	18	14	9	50
本科	9	7	9	4	29
职称					
初级	17	15	9	1	42
中级及以上	1	10	14	12	37
任教年级					
初中	13	17	16	8	54
高中	5	8	7	5	25
学校类型					
重点中学	8	6	4	5	23
城市普通中学	5	8	8	4	25
农村中学	5	11	11	4	31

研究工具是半结构调查问卷。在大量阅读有关教学问题的文献资料和对教师进行初步访谈的基础上，我们设计了中学教师教学问题意识方面的半结构调查问卷。其内容包括：教师希望改进的教学问题；教师对教学问题可能造成影响的分析等。

用半结构式问卷进行集体调查，要求被试在正式回答问题前先认真阅读指导语；不允许被试交谈、讨论，必须由个人单独完成问卷的全部内容；整个过程约 1 小时。

数据收集回来后，根据问卷调查的结果，对每道题的回答内容进行编码并确定教师回答的维度；利用社会统计软件 SPSS15.0 录入数据和管理数据，并处理和分析数据。

三、结果分析

上面提到，教师对教学问题的认识与教师对教学问题的意识在实质上是一样的。因此，我们可以从教师认识到的教学问题的内容、数量、具体程度以及教师对教学问题可能造成的影响的认识来分析他们的教学问题意识。

（一）教师意识到的教学问题分析

对于“您希望改进教学中存在的哪些问题”这一问题，79位被试中有9位回答不出自己所希望改进的教学问题，70位教师回答了这一问题。

对于中学教师意识到的教学问题，经三位具有硕士学位的教育心理学教师认真讨论后，一致认为可将其归纳为五个方面的问题：

（1）以教师为主的教学问题，是指主要涉及教师的素质、能力、教育教学机智和教学积极性等的问题。如教师素质的提高、教师观念的转变问题等。

（2）以教学内容、教学方法和策略为主的教学问题，是指涉及教学内容的调整，培养学生的学习兴趣、学习积极性以及能力等方面的问题。如教学方法和策略的改进问题、教学内容的调整问题等。

（3）以教育教学评价为主的教学问题，是指涉及教学质量的评价、学生的学习成绩和学习能力的测评等方面的问题。如教学评估体系和标准的改革问题、素质教育与应试教育的矛盾问题等。

（4）以教学物质条件为主的教学问题，是指主要涉及教学设备、教学仪器和班级容量过大等教学物质条件的教学问题。如教学条件的改善、班级规模的缩小等。

（5）其他教学问题。

三位教师按上面的维度进行编码，个别不好归类的教学问题由三位教师共同讨论确定，一致性信度系数为0.814。按此编码结果绘出的各类问题的分布如图7－1所示。

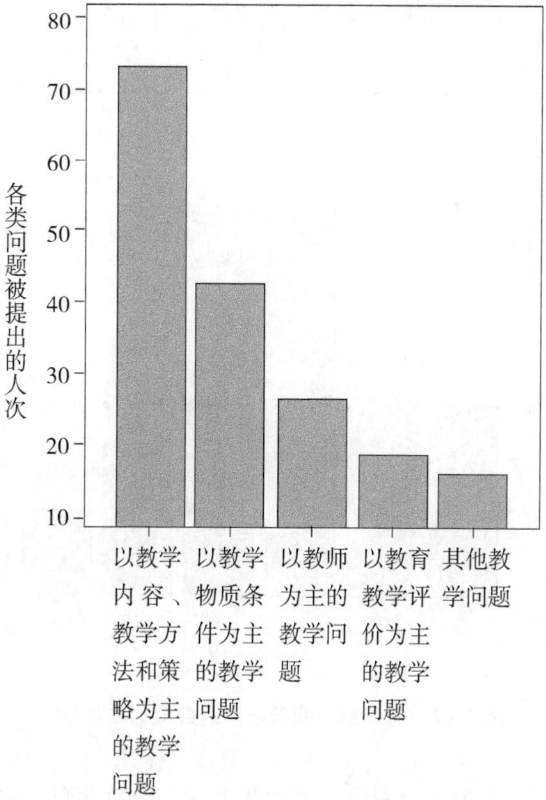

图 7－1 不同类型教学问题分布图

从图 7－1 中可以看出，中学教师对以教学内容、教学方法与策略为主的教学问题关注最多，其选择人次是 72；其次是以教学物质条件为主的教学问题，其选择人次是 43；排第三的是以教师为主的教学问题，其选择人次是 27；接下来是以教育教学评价为主的教学问题，其选择人次是 20；选择其他教学问题的人次是 17。这些结果表明中学教师认识到的教学问题与专家学者所发现的教学问题在内容上存在差异。

（二）教师个体意识到的教学问题数量分析

我们统计了每位教师意识到的教学问题的数量，并据此绘出了意识到不同教学问题数量的教师分布，如图 7 -2。

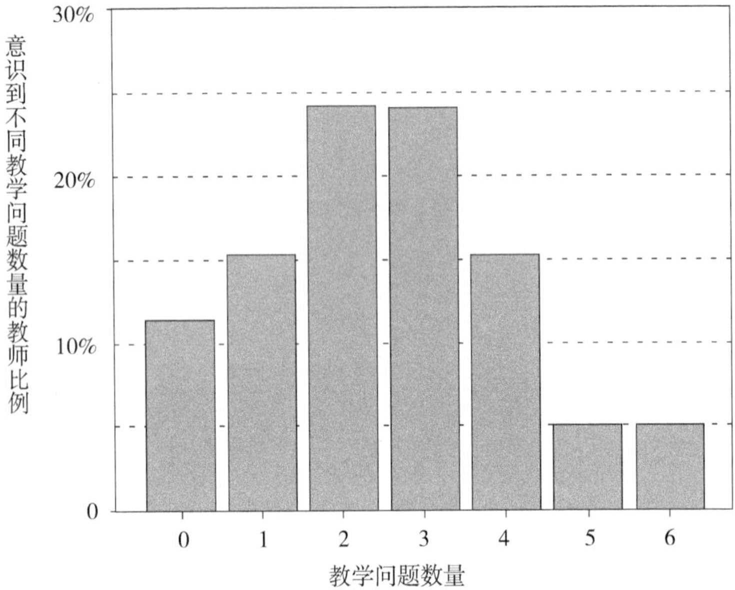

图 7 -2　意识到不同教学问题数量的教师分布

从图 7 -2 中可以看出，能提 2 个或 3 个教学问题的教师加起来约占 48%，能提 5 个或 6 个教学问题的教师加起来仅占 10% 左右。约 11% 的教师提不出教学问题，15% 的教师只能提出 1 个教学问题。而我们的调查结果显示，教师整体能意识到的教学问题总数有 22 条之多。这说明，中学教师对教学问题思考不多，关注不多。

（三）教师意识到的教学问题的具体程度分析

我们在查阅有关文献并进行充分讨论后，认为可把教师提出的问题分为具体和不具体两个等级。标准如下：

（1）不具体的问题，是指用抽象和概括的语言描述问题，对问题泛泛而谈，被描述的问题没有明确、具体的内涵，只有笼统的问题属性和本质，问题界定不明确。如：“学生学习方法被动”、“学习主动性”、“教学方法”、“传统教学方法与教学改革之间的矛盾”、“学生学习兴趣不高”、“教者对学者的引导问题”、“与学生愉快交流”等回答形式。

（2）具体的问题，是指对问题的表达明确、具体，被描述的问题有具体的涵义，被描述的问题有特定对象，问题界定明确，有的还能举例说明。如：“改变双边活动的情况，尽可能使所授内容生动形象，从而吸引学生的注意力，使课堂气氛生动活泼”，“改进课堂教学中教师某些不适当的做法，如讲解语言不简明、不准确，废话太多，没有设计板书或设计不科学，只顾自己讲解，不顾学生反应”等回答形式。

根据这一评定教师所提教学问题具体程度的标准，两位心理学教师分别评定，评分者一致性信度系数是 0.826。对个别不一致的划分，经两人讨论后确定。总体分布如图 7－3 所示。

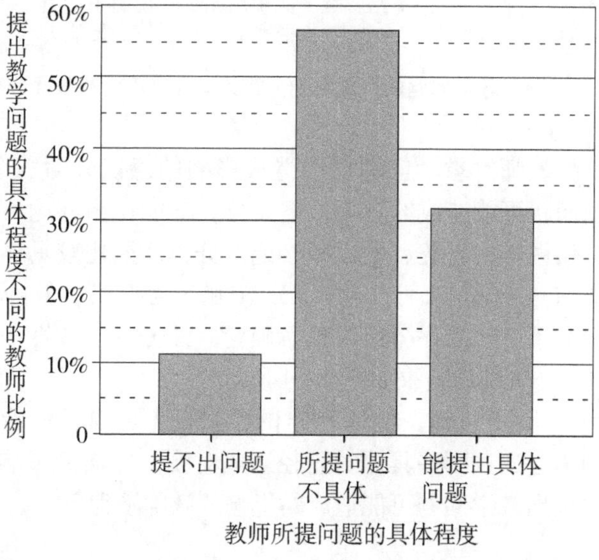

图 7－3　提出的教学问题具体程度不同的教师分布

从图 7－3 中可以看出，约 57% 的教师对教学问题的认识都是不具体的，能提出具体教学问题的教师只占31%左右，约12%的教师认识不到教学问题的存在。

（四）教师对教学问题可能造成影响的意识分析

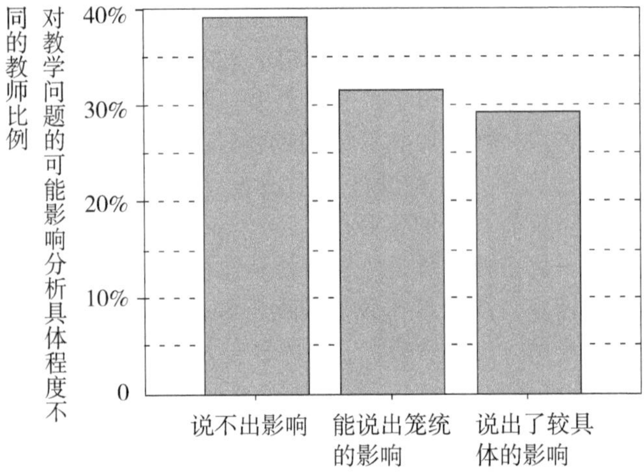

图7-4　对教学问题的可能影响分析具体程度不同的教师分布

我们把教师对教学问题可能造成影响的意识分为三个等级：①说不出问题可能造成的影响，记0分；②能说出问题可能造成的影响，但说得太笼统、太模糊，记1分；③能比较具体地说出问题可能造成的影响，记2分。分数由三位心理学教师分别评定，对少数不一致的评分经讨论后确定。评分者一致性信度系数是0.819。分析统计结果如图7-4所示。

从图7-4中可知，将近40%的教师说不出自己所希望改进的教学问题会通过哪些具体的途径造成对哪些方面的影响；能比较具体地说出教学问题可能造成的影响的教师不到30%。

四、讨论

意识不能等同于认识，但个体对某一现象的认识是个体对该现象意识的重要组成部分。因此，教师的教学问题认识是其教学问题意识的重要组成部分。我们从教师认识到的教学问题的内容、具体情况、可能造成的影响等方面对教师的教学问题意识进行了初步研究。从上面的结果分析可知，中学教师意识到的教学问题主要是教学内容、教学方法与策略方面的教学问题，而前面提到的专家、学者所察觉的教学问题主要是教师的教学指导思想和教学行为等教师方面的问题，两者之间存在差异。中学教师与专家学者的教学问题意识在内容上的差异可能与他们各自对教学问题的内隐认识不同有关，而根本原因可能是他们对中学教学实际的不同了解。专家学者毕竟不在教学第一线，对中学教学实际的了解不可能太深入、太具体；他们可能主要意识到了显而易见的教学问题，而对不易觉察的、具体的教学问题难于意识到。站在教学第一线的教师则不同，他们对实际的教学工作有丰富而具体的认识，也有深刻的切身体会，可以意识到比较具体的教学问题。因此，在教学问题意识内容方面，中学教师与专家学者之间存在差异是正常的。

结果分析表明，就教师个人意识到的教学问题数量看，意识到 5 个或 6 个教学问题的教师只有 10% 左右，意识到 2 个或 3 个教学问题的教师约占 48% 。这说明教师的教学问题意识范围小，大多数教师只意识到了某一方面的教学问题，能意识到多方面教学问题的教师很少。其原因可能是绝大多数教师在日常教学工作中很少去思考教学问题，对教学问题关注（即注意）不多，而能从多方面、多角度来分析教学、反思教学的教师更少。因为注意和意识是两个密切联系的概念，注意可以提高对某件事情或某种思想的意识水平；同样，当某种东西处于高意识水平时，它必然容易吸引人的注意。[①] 因此，一旦对经常思考教学问题、经常关注教学问题的教师提起教学问题，教学问题就会在其头脑中处于高意识水平状态，容易被说出来。所以，教师意识到的教学问题少与教师对教学问题的关注思考少有关。

---

① 耿海燕，朱滢．意识和无意识知觉：注意和刺激特性间的相互补偿．心理学报，2001（5）：390～397.

结果分析还显示，能意识到具体的教学问题的教师只有31%左右，约57%的教师所意识到的教学问题都是不具体的；近40%的教师对自己意识到的教学问题会通过哪些途径造成对哪些方面的影响说不出来，能比较具体地说出自己意识到的教学问题可能造成的影响的教师不到30%。这反映出教师的教学问题意识薄弱。意识是一种综合性的认识，有感知觉，有记忆，也有思维，而且思维是意识的核心，这是心理学界对意识现象的基本看法。因此，有强烈教学问题意识的教师不但可以感知到具体的教学问题，而且会对自己感知到的教学问题作深入的思考，思考其表现形式、性质、可能造成的影响和可能的解决途径等。所以，意识到的教学问题不具体、意识不到教学问题可能造成的影响是教学问题意识薄弱的反映。

五、结论

根据本研究的结果可得出如下结论：

（1）在教学问题意识的内容方面，中学教师与专家学者之间存在着差异。中学教师主要意识到了以教学内容、教学方法与策略为主的教学问题，而专家、学者主要意识到了教师的教学指导思想和教学行为等教师方面的问题。

（2）从整体上看，中学教师的教学问题意识范围窄小。

（3）从整体上看，中学教师的教学问题意识薄弱。

第二节　中小学数学教师的教学问题认知调查分析

一、问题提出

随着认知心理学的迅猛发展，技术型教师观（teacher as technician）和能力本位教师教育模式（competence-based education）的弊端日渐凸显。培养反思型教师，促进教师教学反思能力的发展成为今日教师教育的重要目标。反思是对问题的探究、迷惑和疑问，是对复杂情境的再思考。那么，问题是什么？问题是怎样被建构出来的？能否有信心重建问题？这是理解反思实质很重要的一个方面，也是反思的价值所在，同时也是认识教学的关键。但是，这一点在实际教学过程中很容易被忽视。[①] 可见，教师的教学问题意识，即教师认识、发现教学问题的能力是教师教学反思能力的重要组成部分。研究分析中小学教师的教学问题意识及其影响因素，对有效培养教师的教学反思能力有重要的理论与实际意义。

教学问题与教学活动是并存的，教学中的问题引起了专家学者的普遍关注。研究表明，中学教师主要意识到了以教学内容、教学方法与策略为主的教学问题。[②] 然而，他们意识到的这些教学问题究竟属于何种性质的教学问题，它们与教师的学历、教龄以及教师知识等教师发展的因素有何关系，尚不清楚。因此，本研究将定性研究方法与定量研究方法相结合，主要通过问卷调查的形式着重探讨：①中小学教师的教学问题意识内容有什么特点？在这方面，中学教师与小学教师之间是否存在差异？②中小学教师教学问题意识的强度如何？其主要影响因素有哪些？

二、研究方法

在广东省梅州市选取部分中小学校（重点中学、城市一般中学、农村中学、城市小学和农村小学均有）的数学教师共 192 名，剔除 17 名未完成全部问卷的教师，有效被试为 175 名。

研究工具有两个：一是关于中小学教师教学问题意识方面的半结构调查问卷。这是在大量阅读有关教学问题的文献资料和对部分教师进行初步访谈的基础上设计的，内容包括教师希望改进的教学问题；教师对教学问题可能造成的影响的分析；教师对解

---

① J. John Lougharn. Effective reflective practice in search of meaning in learning about teaching. *Journal of Teacher Education*, 2002, 53 (1): pp. 33 – 43.

② 曾拓，申继亮. 中学教师教学问题意识的初步研究. 教育科学研究，2003 (6): 29 ~ 32.

决教学问题的途径、方法的认识等。二是李琼、申继亮（2000）编制的教师条件性知识问卷和实践性知识问卷。前者包括儿童发展、课堂互动等七个维度，其内部一致性信度系数分别为0.813、0.790、0.696、0.783、0.764、0.846、0.788；后者是关于结构不良问题的解答，评分者一致性信度系数为0.824。

研究实施的过程是这样的：首先用半结构问卷进行集体调查，要求被试在正式回答问题前认真阅读指导语，不允许他们交谈、讨论，要求个人单独完成问卷的全部内容；然后将条件性知识问卷和实践性知识问卷发给每一位教师，要求不交谈、讨论，不看任何资料单独完成问卷。整个过程约2.5小时。

数据收集与整理方法是：第一，对半结构问卷的调查结果，根据每道题的回答内容和本研究的具体要求分别进行编码并确定教师回答的维度；第二，教师条件性知识问卷共60道客观题，答对1题得1分；第三，实践性知识问卷的评分，采用小学骨干教师反思特征研究（申继亮、王凯荣，2001）中使用的评分系统，由三位心理学教师进行评分，评分者一致性信度系数为0.824，取三位教师对每位被试评分的平均分为被试的得分。将收集到的数据利用社会统计软件SPSS15.0进行录入与管理、处理和分析。

三、结果分析

（一）教师的教学问题意识内容分析

在文献检索和专家讨论的基础上，我们把教师对半结构问卷的回答按教师教学指导思想、教学方法与策略方面的问题（以下简称P_1问题）和其他方面的问题（以下简称P_2问题）两个维度进行编码，由两位具有硕士学位的教育心理学教师进行具体操作，对个别不好归类的教学问题经共同讨论后确定。评分者一致性信度系数为0.865。编码统计结果显示，24.7%的小学教师、25.2%的中学教师只意识到P_1问题；25.7%的小学教师、24.3%的中学教师只意识到P_2问题；49.6%的小学教师、50.5%的中学教师意识到了两大方面的教学问题。分析中小学教师意识到的教学问题，有下面两个特点：

（1）主要属于“教学技巧”或“胜任教学”层面的问题。从上面的统计结果来看，有74.3%的小学教师、75.7%的中学教师意识到了P_1问题。教师们意识到的P_1问题，就性质而言，绝大多数都是“操作”教学的“技术性问题”、“胜任教学”的“困惑性问题”。例如，“我希望改进课堂教学中某些不适当的做法，有时讲解语言不明确、不准确，只顾自己讲解，没顾学生反应”；“我希望改变双边活动的情况，尽可能使所授内容生动形象，从而吸引学生的注意力，使课堂气氛生动活泼”。很明显，这些都属于教学操作技巧方面的问题。又如，“希望改进教学中对学生满堂灌的教学方法。如讲述函数时，由于函数是学生难以学习、不易理解透彻和领悟的问题，若老师不讲解清楚，学生这方面的基础知识薄弱，难以自我引申、理解，因此不能简单讲解。而要讲清楚，只能是老师满堂灌，学生被动听讲、接受，真不知如何才好”，显然，这是“胜任教学”方面的“困惑性问题”。

（2）教学条件、教学管理和教学评估方面的问题比较突出。与P_1问题相比，教师希望改进的P_2问题的百分比也占到了75.3%（小学）和74.8%（中学），应该说与P_1问题是基本持平的。比如，有教师这样说：“我希望缩小班级规模，像我所任教的中学，平均每个班有60多人，这么多的学生不但给教学带来了困难，也不便于教师管理好班级。”

（二）教师意识到的教学问题属性与教师人口学变量的关系

我们对教师的性别、职称（分中、高级与初级两组）、所在学校类别和城乡差别等教师变量与其意识到的教学问题属性作了列联表分析。表7－2报告了不同类别的教师变量与其教学问题意识指向的独立性检验结果。

表7－2的χ^2分析结果表明，在各个人口学变量上，χ^2均未达到显著性水平，即p值均大于0.05。因此可以说，教师意识到

的教学问题属性与其性别、职称以及所在学校类别的不同和城乡差别等均无关联。

表 7-2　教师的教学问题意识指向的 χ^2 分析表

教学问题意识指向	性别		高（中）、初级职称教师		中小学教师		城乡教师	
	χ^2	p	χ^2	p	χ^2	p	χ^2	p
P_1 问题	1.708[a]	0.789	2.489[a]	0.647	4.948[a]	0.239	2.616[a]	0.624
P_2 问题	5.191[a]	0.393	8.349[a]	0.138	9.818[a]	0.081	4.431[a]	0.489
两大方面问题	0.469[b]	0.493	1.986[b]	0.159	0.352[b]	0.553	0.015[b]	0.902

（三）教师的教学问题意识强度及其影响因素的分析

1. 教师的教学问题意识强度分析

为考察教师的教学问题意识强度，我们请两位心理学教师根据教师对 P_1 问题的认识情况进行了强度评定。评定标准是：意识不到 P_1 问题，记 0 分；意识到了笼统的 P_1 问题，记 1 分；意识到了具体的 P_1 问题，但说不出其可能造成的具体影响，记 2 分；既意识到了具体的 P_1 问题，又能说出其可能造成的具体影响，记 3 分。评分者一致性信度系数是 0.863。

统计分析结果表明，25.7% 的小学教师、24.3% 的中学教师意识不到 P_1 问题；43.2% 的小学教师、40.8% 的中学教师只能意识到笼统的 P_1 问题；17.6% 的小学教师、18.4% 的中学教师虽然意识到了具体的 P_1 问题，但说不出其可能造成的具体影响；只有 13.5% 的小学教师、16.5% 的中学教师既能意识到具体的 P_1 问题，又能说出其可能造成的具体影响。χ^2 检验结果（$\chi^2 = 28.000$，$df = 3$，$p = 0.000$）表明，四种教学问题意识强度的教师数量间存在非常显著的差异，也就是说，教师数量的分布是极不均匀的，教学问题意识强的教师非常少。就整体而言，教师的教学问题意识不强。

2. 教师教学问题意识强度的影响因素

我们对不同性别、不同职称（分中、高级与初级两组）、中小学教师以及城乡教师的教学问题意识强度进行了 χ^2 分析。表 7－3 的 χ^2 分析表明，教师的教学问题意识强度在教师的性别、职称以及所教学生的不同和学校类别的不同这几个变量上均无显著差异，即教师的教学问题意识强度不受其性别、职称以及所教学生不同和任教学校不同的影响。

表 7－3　教师教学问题意识强度的 χ^2 分析表

检验变量	性别		高（中）、初级职称教师		中小学教师		城乡教师	
	χ^2	p	χ^2	p	χ^2	p	χ^2	p
教学问题意识强度	2.605[a]	0.457	1.624[a]	0.654	0.368[a]	0.947	3.776[a]	0.287

教师的学历表明了其受教育的经历和程度，教师的教龄隐含着教育、教学经验，教师的条件性知识和实践性知识是教师专业知识的重要组成部分。这些因素是否会对教师的教学问题意识强度产生影响呢？考虑到这个问题，本研究接着以教师教学问题意识强度为因变量，以教师的学历、教龄、条件性知识和实践性知识为自变量进行多元回归分析，结果表明，它们对教师的教学问题意识强度有非常显著的预测作用 [$F(4, 171) = 8.720$, $p < 0.000^a$]，解释率是 16.9%（$R^2 = 0.169$）。具体结果见表 7－4。从表 7－4 中还可以发现，教师的条件性知识和实践性知识对教师的教学问题意识强度有显著的预测作用，p 值分别是 0.008 和 0.001。进一步分析发现，条件性知识掌握得越好的教师有越强的教学问题意识；实践性知识水平越高的教师，其教学问题意识也越强。

表 7－4　教师的人口学特征预测其教学问题意识强度的多元回归分析

教师特征、知识	*Beta* 值	*t* 值	*p* 值
教龄	－0.034	－0.474	0.636
学历	0.090	1.250	0.213
条件性知识	0.214	2.675	0.008**
实践性知识	0.250	3.236	0.001***

注：* 表示 $p<0.05$；** 表示 $p<0.01$；*** 表示 $p<0.001$。

四、讨论

（一）对中小学教师教学问题意识的分析

研究结果表明，中小学教师意识到的教学问题主要属于“教学技巧”或“胜任教学”层面的问题。此外，属于教学条件、教学管理和教学评估方面的问题也比较突出。出现这一结果的原因有以下两点：

首先，中小学教师意识到的教学问题源自他们的教学实际和切身体会，他们需要的是能在有限的时间内让学生掌握大量与考试有关的知识的“教学技巧”；需要的是能让学生在考试中获得高分，并由此得到领导、同事和社会“认可”的“教学胜任能力”。他们把精力都放在这样的“教学技巧”和“教学胜任能力”上，自然无心思考如何让学生自主地建构知识的问题，不去探讨如何培养学生发现问题、分析问题和解决问题的能力。

其次，研究表明，教师的工作积极性与学校的客观状况之间存在显著的线性关系，学校的客观状况是预测教师的工作积极性的三大因素之一。[①] 学校的客观状况主要是指教学软硬件条件，这些条件包括学校的基础设施、教仪教具、班级规模以及对教师教学工作的管理与评估等。当这些教学软硬条件能满足教师顺利开展教学活动的需要时，就会对教师的工作积极性产生积极的影

① 彭华茂，王凯荣，申继亮．小学骨干教师反思意识的调查与分析．西北师范大学学报（社会科学版），2002，39（5）：27～30.

响；反之，就会对教师工作的积极性产生消极的影响。对此，在教学第一线的教师有深深的体会和感受，因此他们意识到这方面的问题也就显得比较突出。

（二）教师教学问题意识的强度分析

就整体而言，教师的教学问题意识不强。有研究指出，教师的教学问题意识在很大程度上取决于教师的教学反思活动的开展。教学反思能力越强的教师，对教学活动越有深入的思考，越能意识到深层次的、涉及教师的教学分析和教学决策。前面谈及的教师的教学问题意识指向的结果分析证明，本研究中的教师的教学问题意识普遍不强。此外，有研究表明，当前小学骨干教师对反思的认识尚处于经验阶段，缺乏系统的理论认识，往往把教学反思看作一种工作总结。他们没有注意到自己身边产生的问题。[①] 本研究也发现，中小学教师在教学问题意识方面不存在显著差异。这也说明中小学教师的教学问题意识普遍不强。

（三）教师知识对其教学问题意识的影响

综合目前国内外有关教师知识的研究，虽然对教师知识的分类看法不一，但普遍认为教师除了要系统掌握好自己所任教学科的专业知识以外，还要掌握好两类知识：一是教育学、心理学方面的知识，即教师的条件性知识；二是属于教学经验积累的教师实践性知识。本研究的结果表明，教师的条件性知识和实践性知识能很好地预测其教学问题意识的强度。

第一，教育学和心理学知识被认为是教师成功地进行教育教学的条件性知识。[②] 教师要用教育学和心理学的知识来分析、思考学科知识，以利于学生的学习与发展。教师对条件性知识的掌握程度影响其对教学理解的深度，教师对教学的理解越深入，对教学中存在的问题的认识就会越具体、越深入，表现出越强的教

---

① 林崇德，申继亮，辛涛．教师素质的构成及其培养途径．中国教育学刊，1996（6）：16～22.

② 衷克定，申继亮，辛涛．论教师知识结构及其对教师培养的意义．中国教育学刊，1998（3）：55～58.

学问题意识。我们的研究结果已经表明了这一点。

第二，教师的实践性知识主要是教师教学经验的积累，它在教师做好教育教学工作以及促进自身职业发展等方面有着重要作用。虽然大部分教师对自己所拥有的实践性知识缺乏明确的意识，但它实际上影响着教师对有关问题的看法和做法。① 实践性知识在教师知识结构中占有重要地位，对教师课堂教学能力起着十分重要的作用。② 可见，实践性知识对教师发现教学问题、分析教学问题和解决教学问题有很大影响。教师个体所拥有的实践性知识越丰富，越便于其对教学问题的发现、分析和诊断。

五、结论

本研究得出如下结论：

（1）中小学教师意识到的教学问题主要属于“教学技巧”或“胜任教学”层面的问题，此外属于教学条件、教学管理和教学评估方面的问题也比较突出。

（2）从整体上看，中小学教师的教学问题意识不强。

（3）教师的条件性知识和实践性知识对其教学问题意识的强度有显著的预测作用，条件性知识和实践性知识越丰富的教师，其教学问题意识也越强。

---

① 陈向明. 实践性知识：教师专业发展的知识基础. 北京大学教育评论，2003，1（1）：104～112.

② 张学明，申继亮，林崇德. 小学教师课堂教学能力构成的研究. 心理发展与教育，2003，19（3）：68～72.

第八章　关于教师教学问题诊断能力的研究

善于发现教学问题、分析教学问题并解决好教学问题既是高水平教师思维的重要体现，也是具有强烈教学问题意识的重要标志。因此，教师的教学问题诊断能力，即教师发现、判断、分析教学问题的能力，以及这一能力的影响因素是教师思维与问题意识研究不容忽视的内容。前面的章节中已提到，教学的改革与发展是一个不断发现教学问题、解决教学问题的过程，教师只有不断地发现教学问题，不断地解决教学问题，才可以真实性地提高教学水平。为了解教师的教学问题诊断能力及其影响因素，我们在这方面做了实证研究。下面将介绍两个有代表性的研究。

第一节　中小学教师教学问题诊断能力的研究

一、问题提出

心理科学的迅猛发展刷新了人们对教师角色和教学能力的认识。对于教师，人们不会满足于“教书匠”的角色；对于教师能力，传统观点中一直强调的语言表达能力、书写能力等仍然要强调，但教师的思维能力与问题意识则日益得到普遍重视。教师的教学问题诊断能力是教师思维与问题意识的重要构成之一。为了发展和完善教师思维与问题意识的理论，也为了解教师的教学问题诊断能力现状及其主要影响因素，我们提出本课题的研究。

本研究运用调查与实验、定性研究与定量研究相结合的方法，着重探讨：①中小学教师的教学问题诊断能力状况；②影响中小学教师教学问题诊断能力的主要因素。

二、研究方法

（一）被试和工具

在广东省梅州市选取部分中小学校（重点中学、城市一般中学、农村中学、城市小学和农村小学均有）的数学教师共 192 名，剔除 17 名未完成全部问卷的教师，有效被试为 175 名。

在大量阅读有关教学问题的文献资料和对教师进行初步访谈的基础上，我们设计了关于教师教学问题意识的半结构调查问卷，这是研究工具 1。

依据师范生必修的《教育学》教科书，上课的基本要求和一堂好课的主要标准包括教学目标、教学内容、教学方法、师生互动四个方面，我们设计了教师诊断教学问题提纲，这是研究工具 2。

研究人员征得某中学领导和任课教师同意后，在自然真实的情景中拍摄了一位初中数学教师所上的完整的一节课（40 分钟)。根据上面所列的提纲，我们请两位有博士学位且教学经验丰富的教育心理学教师和一位中学优秀教师反复认真观看这一教学实录。然后，三位教师共同确定这一教学实录在上述四个方面存在的主要教学问题。课堂教学实录和确定的教学问题是研究工具3。

本研究的研究工具4是李琼、申继亮（2000）编制的教师条件性知识问卷和实践性知识问卷。前者包括儿童发展、课堂互动等七个维度，其内部一致性信度系数分别为0.813、0.790、0.696、0.783、0.764、0.846、0.788；后者是关于结构不良问题的解答，评分者一致性信度系数为0.824。

（二）研究的实施

（1）教师的教学问题意识集体调查。用半结构式问卷进行集体调查，要求被试正式回答问题前先认真阅读指导语，不允许被试相互交谈、讨论，必须由个人单独完成问卷的全部内容。时间约40分钟。

（2）观看教学实录诊断教学问题。教师的教学问题意识集体调查结束后，先将诊断教学问题提纲发给被试看，接着播放教学实录，要求被试认真观看这一教学实况，并按问卷要求把自己诊断出的教学问题列出来。整个过程不允许交谈、讨论，教学实录只放一遍。放完后把被试填写好的诊断教学问题答卷收回。时间约60分钟。

（3）填写相关变量调查问卷。收回被试观看教学实录诊断教学问题的答卷后，把教师条件性知识问卷和教师实践性知识问卷发给教师，要求他们不交谈、讨论，不看任何资料单独完成，然后收回。时间约80分钟。

（三）数据的收集、整理和管理

（1）教师教学问题意识半结构调查问卷调查结果的整理。对每道题的回答内容进行编码并确定教师回答的维度。统计每位教师认识到的一般性教学问题数量，它是教师教学问题意识的折射。这一半结构调查问卷结果的其他分析另行报告。

（2）教师条件性知识问卷调查结果的整理。根据问卷的答案标准统计每个被试的总分，满分为60分。

（3）教师实践性知识问卷调查结果的整理。使用小学骨干教师反思特征研究（申继亮、王凯荣，2001）的评分系统，三位评分者分别进行评定，一致性信度系数为0.824，取三位评分者的平均分为每位教师的实践性知识得分。

（4）教师教学问题诊断能力的评分。请三位教育心理学教师对每位被试所诊断出的教学问题进行认真审阅、深入考察后，认为可将教师的教学问题诊断能力划分为四个水平。分别是：

水平1：零诊断水平，表现为意识不到教学问题的存在，没有诊断出任何一个教学问题。记0分。

水平2：模糊诊断水平，属于这一水平的教师，虽能意识到教学问题的存在，但不能准确指出教学问题是什么，所诊断出的教学问题都是不恰当的。记1分。

水平3：部分—准确诊断水平，属于这一水平的教师，明确意识到了具体的教学问题，能准确诊断出部分的确存在的主要教学问题。记2分。

水平4：全面—准确诊断水平，属于这一水平的教师，全面、准确诊断出了的确存在的主要教学问题。记3分。

在教学目标、教学内容、教学方法、师生互动四个方面的评分者一致性信度系数分别是0.866、0.837、0.740、0.778。

将收集到的数据利用社会统计软件SPSS15.0进行录入与管理、处理和分析。

三、结果分析

（一）中小学教师教学问题诊断能力分析

中小学教师教学问题诊断能力总体情况见表8－1。

教师教学问题诊断能力分为四种水平，按从低到高分别为0、1、2、3进行评分。统计分析结果显示，中小学教师的教学问题诊断能力总体水平偏低（M＝1.4629，SD＝0.8218）。对教师在这四个方面的教学问题诊断能力所作的描述统计和事后检验结果（见表8－1）表明，四个方面的教学问题诊断能力由低到高排列分别是教学目标教学问题诊断能力、教学方法教学问题诊断能力、师生互动教学问题诊断能力、教学内容教学问题诊断能力。对教师教学问题诊断能力评价的四个方面进行重复测量的方差分析发现，四个方面教学问题诊断能力的整体差异显著（wilks'Λ值为0.961，$p<0.01$，$R^2=0.145$）。进一步的边缘平均数差异显著性检验表明，教学目标方面的教学问题诊断能力显著低于其他三个方面的教学问题诊断能力，教学内容、教学方法和师生互动三个方面教学问题诊断能力之间差异不显著。

表8－1 教学问题诊断能力描述及事后检验

	平均数	标准差	多重比较
教学目标（1）	.9535	.7854	$1<2^{***}$ $1<3^{*}$ $1<4^{**}$
教学内容（2）	1.8140	.8798	$2>1^{***}$
教学方法（3）	1.5333	.5878	$3>1^{*}$
师生互动（4）	1.5455	.7911	$4>1^{**}$
教学问题诊断能力总体	1.4629	.8218	
对多重比较结果的综合			1<2，3，4 2，3，4之间差异不显著

注：* 表示 $p<0.05$，** 表示 $p<0.01$，*** 表示 $p<0.001$。

a：事后多重比较是用Scheffé法进行的。

以教师在这四个方面的教学问题诊断能力的平均得分为因变量，对不同类型教师的教学问题诊断能力分别进行均数比较，结果见表8－2。单因素方差分析（One-Way ANOVA）结果表明，中、小教师之间，重点中学、城市一般中学和农村中学教师之间，城市小学教师与农村小学教师之间的教学问题诊断能力差异均不显著。

表 8－2　不同类型教师的教学问题诊断能力比较

项目	平均数	标准差	人数	*F*	*Sig*
中小学教师比较					
中学（1）	1.4307	.5657	97	.001	.979
小学（2）	1.4327	.5944	78		
不同类中学教师比较					
重点中学（3）	1.5547	.5378	32	1.665	.195
城市一般中学（4）	1.5078	.5553	32		
农村中学（5）	1.3030	.6724	33		
不同类小学教师比较					
城市小学（7）	1.4643	.6618	35	.176	.676
农村小学（8）	1.4070	.5456	43		

（二）中小学教师教学问题诊断能力的影响因素探讨

为考察中小学教师教学问题诊断能力的影响因素，本研究以教师在四个方面的教学问题诊断能力的平均得分为因变量，以教师的背景变量职称、学历、教龄以及教师意识到的一般性教学问题数量、条件性知识和实践性知识为自变量，进行逐步回归分析。由于职称和学历是标定变量，在进行逐步回归时，这两个变量均记录为二进制（虚拟）变量。逐步回归结果（见表 8－3）表明，教师的教学问题意识、教师条件性知识、教师实践性知识进入了回归方程，对教师的教学问题诊断能力有显著的预测作用。教师的背景变量职称、学历、教龄没有进入回归方程，对教师教学问题诊断能力没有显著的预测作用。

表 8－3 教师的教学问题意识和教师知识预测其教学问题诊断能力的回归分析

		Beta 值	*t* 值	*F* 值	R^2	$\triangle R^2$
第一步	教师的教学问题意识	.360	5.289 ***	27.972 ***	.130	.125
第二步	教师的教学问题意识	.352	5.429 ***	25.451 ***	.214	.206
	教师条件性知识	.291	4.482 ***			
第三步	教师的教学问题意识	.307	4.551 ***	18.947 ***	.234	.222
	教师条件性知识	.228	3.257 ***			
	教师实践性知识	.162	2.210 **			

注：* 表示 $p<0.05$，** 表示 $p<0.01$，*** 表示 $p<0.001$。

四、讨论

（一）中小学教师的教学问题诊断能力发展状况

教学问题与教学活动有并存性，即使是优秀教师的教学也可能存在这样或那样的教学问题。教学问题的表现形式是多种多样的，其性质也是不同的。教学中的问题已成为素质教育的难点问题，解决好教学中的问题是深化教育教学改革、提高教学质量、促进学生发展的关键，也是深入推进素质教育的重要切入口。我国的中小学教育一贯重视学科知识的传授，常常忽视培养学生质疑问难、自主学习的能力。要想使学生能提问、善提问，首先要求教师有教学问题意识，具备教学问题诊断能力。

作为教师能力的重要组成部分，在深入开展素质教育的过程中，教师的教学问题诊断能力显得尤为重要。这也是本研究的核心变量。对这一核心变量，我们以定性研究的方式来收集数据，把定性方法与定量方法结合起来整理数据，并对数据作了深入、精确的统计分析。结果表明，中小学教师的教学问题诊断能力总体水平偏低，而且在教学目标方面的教学问题诊断能力显著低于教学内容、教学方法、师生互动这三个方面的教学问题诊断能力。我们认为，这主要与目前我国中小学教师的反思水平较低有关。研究表明，当前小学骨干教师对反思的认识尚处于经验阶段，缺乏系统的理论认识，往往把反思看作一种经验总结。他们也常常对日常的教育教学活动进行反思，但大多数只是在头脑中想一想，在反思内容上更多地指向于教学内容，局限于用于达到某种教学目标的教学技术，处于反思的最低水平——技术理性（technical rationality）水平。他们意识不到教育教学中存在的问题，不能对问题及其背后的假设、理念进行深入、周密、持续的思考。① 骨干教师尚且如此，更不用说广大的普通教师。正是由于教师在平时的教育教学中缺乏深入反思，反思理论肤浅，在教学上常常满足于采用大家普遍认同、自己经年使用、能够顺利完成教学目标的教学组织形式和方法，而不去思考教学中的问题，缺乏问题意识及对问题的判断、分析能力，所以才出现了中小学教师教学问题诊断能力偏低这一不利于高素质人才培养的现象。

中小学教师在教学目标方面的教学问题诊断能力显著低于其他方面的教学问题诊断能力，还与他们少做教学分析、教学决策，甚至不进行教学分析、教学决策有直接的关联。众所周知，我国广大中小学教师普遍使用统一的教材和教学参考书，有现成的与教材配套的教案，教师在对教材的选择、教学目标的确定上缺乏自主权。很多教师在上课前没有进行教学分析、教学决策这一重要的教师教学思维活动，只是习惯于按照既定的教学目标去组织教学内容、设计教学方法，很少能够有意识地去分析和质疑教学目标。这样，他们就可能对教学中出现的教学目标方面的问题视而不见，没有意识到教学目标方面存在的问题，从而出现在教学目标方面的教学问题诊断能力显著低于在其他方面的教学问题诊断能力的状况。然而，教师只有通过全面、深入、系统的教学分析、教学决策这一重要的教学思维活动，确定适当而明确的教学目标，并围绕教学目标的实现开展好教学活动，才能保证教学的有效性，从而促进学生的学习与发展。因此，我们应该着力提高教师的教学分析、教学决策等教学反思能力，从而增强教师在教学目标方面的教学问题诊断能力，这是提高教师的其他教学

① 彭华茂，王凯荣，申继亮. 小学骨干教师反思意识的调查与分析. 西北师大学报（社会科学版），2002，39（5）：27～30.

问题诊断能力的关键。

（二）影响中小学教师教学问题诊断能力的主要因素分析

教师的教学问题诊断能力是教学监控能力和教学反思能力的重要组成部分，这也是教师发现、判断、分析教学问题的能力。毫无疑问，这一能力会受到多种因素的影响，而教师自身的因素是主要的。

首先，教师的教学问题意识是影响其教学问题诊断能力的首要因素。教师的教学问题意识是教师的一种教学问题性思维，有强烈教学问题意识的教师在进行教学观察、教学思考的过程中，能快速觉察到存在的教学问题，并迅速对教学问题作出准确的分析、判断。我们的研究结果已经表明了这一点，教师的教学问题意识对其教学问题诊断能力有显著的预测作用。

其次，教师的知识和经验是其教学问题诊断能力的重要影响因素。因为就人类个体而言，知识和经验是其能力和思维的主要影响因素。个体的知识和经验是以其已有的能力和思维水平为基础，通过认知活动获得的，个体知识和经验的量变与质变又必将对自身的能力和思维起锤炼作用。教师所拥有的知识、经验与其能力之间的关系也是一样的。有研究指出，影响教师教学监控能力的最主要的个人因素是教师所具有的有关教育教学活动及其相互关系的知识和个人的教学实践。[①] 又有研究表明，教师的反思水平与教师的实践性知识之间存在显著的正相关。[②] 因此，教师的教学监控能力和教学反思能力主要受到教师知识和经验的影响。教学问题诊断能力作为教学监控能力和教学反思能力的重要组成部分，其主要影响因素也是教师的知识和经验，尤其是有关教育教学方面的知识和经验。本研究的回归分析结果也表明，教师的条件性知识和实践性知识均对其教学问题诊断能力有显著的预测作用。

教育学和心理学知识被认为是教师成功地进行教育教学的条

---

① 申继亮，辛涛．教师素质论纲．北京：华艺出版社，1999.

② 王凯荣．小学骨干教师反思特征研究．北京师范大学硕士论文，2001.

件性知识①，教师的实践性知识主要是教学经验的积累；教师的这两类知识是影响其教学分析、教学判断和教学决策的主要因素。目前，中小学教师的教学问题诊断能力总体水平偏低的原因，除前面提到的教师教学反思水平较低，很少深入开展教学分析、教学决策等教师思维活动外，另一主要原因就是教师所掌握的条件性知识严重偏少，实践性知识贫乏。我国的教师教育的一个明显的缺陷是教育学和心理学尤其是心理学的学习课时偏少，大多数师范院校仅要求师范生学习一门心理学课程，而且每周只有2~3个学时。这对当代心理科学的迅猛发展为教育教学所提供的大量有重要价值的心理学研究成果，以及教师的教育教学活动离不开心理科学成果的指导而言，是一亟待解决的矛盾。教师的实践性知识贫乏，一是由于教师没有强烈的自我提高需要，自我反思与实践的积极主动性不高；二是由于教师之间的相互交流与学习，特别是深入的教学交流与学习很少，甚至没有。为深入推进素质教育，培养高素质的人才，一方面在教师教育方面应加强条件性知识的教学；另一方面要通过对教师的教学工作进行科学、公平、公正的考核来激发教师的自我提高需要，使他们主动地开展自我反思与实践，不断地提高自己的教学问题诊断能力。

五、结论

本研究得出如下结论：

（1）整体上，中小学教师的教学问题诊断能力比较低，而且中小学教师之间、不同类型学校的教师之间不存在显著差异。

（2）教师在教学目标方面的教学问题诊断能力显著低于教学内容、教学方法、师生互动这三个方面的教学问题诊断能力。

（3）教师的一般性教学问题意识、教师的条件性知识和实践性知识对其教学问题诊断能力有显著的预测作用。

---

① 衷克定，申继亮，辛涛．论教师知识结构及其对教师培养的意义．中国教育学刊，1998（3）：55~58.

第二节 教师的工作积极性、教学效能感与其教学问题诊断能力关系的研究

一、问题提出

教师素质的高低直接决定了学校教育教学质量的优劣。如何提高教师素质一直是我国教师教育的核心问题，也是教师研究领域的重要课题。就国内外现有研究来看，教师的专业化水平是其素质的集中体现，促进教师专业化发展是提高教师素质的根本途径。随着教师研究，特别是教师思维研究的扩展和深化，教师的教学问题诊断能力，即教师发现、判断和分析教学问题的能力及其影响因素的研究，日益得到关注和研究。但这方面的实证研究明显偏少。为此，笔者运用调查与实验的方法、定性研究与定量研究相结合的方法来探讨教师的工作积极性、教学效能感与其教学问题意识、诊断能力的关系，以丰富教师思维与问题意识的研究成果，也希望本研究对现实的教师教育有所启迪。

二、研究方法

（一）被试和研究工具

在广东省梅州市随机抽取一所重点中学、一所一般中学所有初二年级和高一年级的语文、数学、英语教师，以及一所一般小学所有中、高年级的语文、数学、英语教师，共221名，剔除23名未完成全部问卷的教师，有效被试为198名。其中语文教师70名，数学教师62名，英语教师66名。研究工具如下：

一是教师教学效能感问卷。本量表由俞国良、申继亮等人参考吉布森（Gibson）编制的《教师效能感量表》、阿斯顿（Ashton）等人编制的《个人教学效能感量表》及其他相关资料编制而成。该量表由一般教育效能分量表和个人教学效能分量表组

成，其克隆巴赫系数（Cronbach's Alpha）分别是0.74、0.77；一般教育效能分量表、个人教学效能分量表和总量表的分半信度系数分别是0.85、0.86、0.84；个人教学效能分量表的效标关联效度系数是0.51（$p<0.001$）。

二是教师工作积极性自我描述问卷。本量表由辛涛、申继亮等人编制，其克隆巴赫系数为0.8298，效标关联效度系数是0.9165（$p<0.01$）。

三是教师诊断教学问题提纲，即在上一个研究中运用的教师诊断教学问题提纲。

四是课堂教学实录，也就是上一个研究中所使用的研究工具。

（二）研究的实施

（1）培训主试。我们从课题组成员中挑选三位有一定经验的心理学教师做主试。由课题主持人根据施测要求培训主试。

（2）观看教学实录诊断教学问题。在这一阶段，中学教师和小学教师分开进行，并根据教师所任教学科的不同，分别观看不同内容的教学实录。在具体实施过程中，先将诊断教学问题提纲发给被试看，接着播放教学实录，要求被试认真观看教学实录，并按问卷要求把自己诊断出的教学问题列出来。整个过程不允许交谈、讨论，教学实录只播放一遍。放完后把被试填写好的诊断教学问题答卷收回。时间约60分钟。

（3）《教师教学效能感问卷》施测。收回被试观看教学实录诊断教学问题的答卷后，将《教师教学效能感问卷》发给教师，要求他们不交谈、不讨论，单独完成，然后收回。时间约20分钟。

（4）《教师工作积极性自我描述问卷》施测。收回被试完成好的《教师教学效能感问卷》后，将《教师工作积极性自我描述问卷》发给教师，要求他们不交谈、不讨论，单独完成，然后收回。时间约30分钟。

（三）数据收集、整理和管理

（1）教师教学效能感问卷测查结果的评分依照原问卷的评分

办法，按六个等级进行。逆向题在进行记分时作相应的分数转换。

（2）《教师工作积极性自我描述问卷》的评分依照原问卷的评分办法，按五个等级进行。逆向题在进行记分时作相应的分数转换。

（3）教师教学问题诊断能力的评分采用我们在先期研究中使用的评分办法，将教师的教学问题诊断能力划分为四个水平。分别是：

水平1：零诊断水平，表现为意识不到教学问题的存在，没有诊断出任何一个教学问题。记0分。

水平2：模糊诊断水平，属于这一水平的教师，虽能意识到教学问题的存在，但不能准确指出教学问题是什么，所诊断出的教学问题都是不恰当的。记1分。

水平3：部分—准确诊断水平，属于这一水平的教师，明确意识到了具体的教学问题，能准确诊断出部分的确存在的主要教学问题。记2分。

水平4：全面—准确诊断水平，属于这一水平的教师，全面、准确诊断出了的确存在的主要教学问题。记3分。

在教学目标、教学内容、教学方法、师生互动四个方面的评分者一致性信度系数分别是0.866、0.837、0.740、0.778。

将收集到的数据利用社会统计软件SPSS15.0进行录入与管理、处理和分析。

三、教师的工作积极性、教学效能感对其教学问题诊断能力的影响分析

为了分析教师的工作积极性和教育教学效能感对其教学问题诊断能力的影响，我们分别以教师在教学目标、教学内容、教学方法和师生互动四个维度上的教学问题诊断能力为因变量，以教师的工作积极性和教学效能感为自变量进行回归分析，结果表明，教师的这两个因素对其在师生互动方面的教学问题诊断能力

有显著的预测作用 [$F(2, 173) = 4.011$, $p < 0.020^{a}$], 解释率是4.5% ($R^2 = 0.045$); 在教学方法方面的教学问题诊断能力也有显著的预测作用 [$F(2, 173) = 3.242$, $p < 0.042^{a}$], 解释率是3.7% ($R^2 = 0.037$)。具体结果见表8－4、表8－5。从表8－4中还可以看出, 教师的工作积极性对其在师生互动方面的教学问题诊断能力有显著的预测作用, p 值是0.006。从表8－5中也可以看出, 教师的教学效能感对其在教学方法方面的教学问题诊断能力有显著的预测作用, p 值是0.020。

表8－4　教师的积极性、教学效能感预测其在师生互动方面教学问题诊断能力的回归分析

教师工作积极性、教学效能感	*Beta* 值	*t* 值	*p* 值
教师工作积极性	0.225	2.811	0.006
教师教学效能感	0.550	0.692	0.490

表8－5　教师的积极性、教学效能感预测其在教学方法方面教学问题诊断能力的回归分析

教师工作积极性、教学效能感	*Beta* 值	*t* 值	*p* 值
教师工作积极性	0.143	1.774	0.078
教师教学效能感	0.189	2.345	0.020

四、讨论

(一) 关于教师的工作积极性对其教学问题诊断能力的影响

工作积极性是人们对工作产生的一种主动而自觉的心理活动状态。[①] 教师的工作积极性就是教师对教育教学工作产生的一种主动而自觉的心理状态, 即教师对教育教学工作的积极主动性, 是一种自觉、自主的教育教学工作动力。它是教师主动进行教学反思、积极开展教学改革、促进自主专业发展的内在动力。而教

① 刘海燕. 影响经济不发达地区中小学教师工作积极性诸因素分析. 心理发展与教育, 1995 (1): 45～49.

学反思是一个能动的、审慎的认知加工过程，也是一个与情感和认知都密切相关并相互作用的过程，在此过程中，不仅需要有智力加工，而且需要有情感、态度等动力系统的支持。① 因此，教学反思作为一种高级的、复杂的特殊教学思维活动，不可能被动地发生，也很难由教师主体以外的压力或其他力量来“引产”，只能由教师自身的内部动力——工作积极性去启动，并始终受其影响。教师的工作积极性越高，就意味着其进行教学反思、提升自身专业化水平的动力越强、决心越大。这样的教师会积极主动地进行教学反思，并持之以恒，从而不断提高自己的教学反思能力，不断提升自己的教师专业化水平。

本研究的结果正表明了这一点：教师的工作积极性对其教学问题诊断能力有显著的预测作用。而教学反思始于教学问题，是积极主动解决教学问题的过程。教师的教学问题诊断能力是其教学反思能力的重要组成部分。因此，要提高教师的教学反思能力，促进教师的自主专业发展，就要切实激发和调动起广大教师的工作积极性。

（二）关于教师的教学效能感对其教学问题诊断能力的影响

随着认知心理学的迅猛发展，教师研究者越来越关注教师的教学认知，以及它对教师专业化、对学生的学习和发展的影响。教师的教学效能感和教学反思能力一经提出，就以星火燎原之势席卷全球教师研究领域正说明了这一点。

教学效能感（the sense of teaching efficacy）是指教师对自己影响学生学习行为和学习成绩的能力的主观判断，包括一般教育效能感和个人教学效能感。国内外的大量研究都表明，教师的教学效能感对学生的学习成绩、学习动机等有显著影响。专家型教师的个人教学效能感明显高于新手型教师；高教学效能感的教师在课堂教学过程中表现出较高水平的教学行为，教学效能感越高

① 申继亮，刘加霞．论教师的教学反思．华东师范大学学报（教育科学版），2004（3）：44～49.

的教师，其教学行为越好。[1] 然而，我们也要看到，教师高水平的教学行为不是其高教学效能感的固有的、直接的产品。教师的教学效能感要通过其教学情感、教学态度，尤其是教学思维，才能对教学行为产生影响。高教学效能感的教师有高水平的教学行为的重要原因，是他们对教学工作的积极投入和主动思考，尤其是对教学活动的经常性反思。教学效能感高的教师对教学工作会更加积极、更加主动、更加投入。他们敢于正视教学问题，并经常有意识地发现、分析和解决教学问题，所以他们有较强的教学问题诊断能力。我们的研究结果正好表明教师的教学效能感对其教学问题诊断能力有显著的预测作用。这也进一步说明，教师的教学效能感对其教学反思能力有重要的积极影响。

（三）关于促进教师教学反思的思考

教师担负着学生发展的责任和义务，要让学生获得更好的发展，就要持续促进教师的专业化发展，努力提高教师的专业化教育教学水平。这一促进和提高有赖于教师积极主动地、扎实地、持续地开展教学反思，因为教学反思是教师专业化发展的重要心理机制。那么，有哪些因素会影响教师的教学反思呢？该如何促进教师的教学反思呢？前面讨论了教师的工作积极性和教学效能感对其教学反思能力发展的积极影响。其实，教师的工作积极性、教学效能感和教学反思三者之间存在相互影响、相互作用、相互促进的关系。很明显，一个对教育教学工作缺乏积极主动性，不能全身心地投入到教育教学工作中去的教师，是鲜有教学成功的体验的，也就难于形成高教学效能信念，即不会有高教学效能感。因为教学是一个连续不断的过程，某次教学活动的成功或失败必然会对教师的效能感认知过程产生影响，增强或削弱后续教学活动的效能感。[2] 这样的教师，由于对教学缺乏自信，不

---

① 俞国良. 专家—新手型教师教学效能感和教学行为的研究. 心理学探新，1999（2）：32～39.

② 龙伟君. 国外教学效能研究 30 年：回顾与展望. 比较教育研究，2004（10）：6～10.

可能主动地进行教学反思，自觉主动地思考教学问题、分析教学问题和解决教学问题；他们要么对教学问题视而不见，要么对教学问题产生“盲点”现象，看不到教学问题的存在，因而教学反思能力自然不会提高。相反，一个对教育教学工作高度负责、积极主动的教师，不但会全身心地投入到教育教学工作中去，而且可以体验到更多教学成功的喜悦，也就会有更高的教学效能感。这样的教师是会经常积极主动地进行教学反思的。他们在经常性的发现、分析、解决教学问题的过程中提高了自己的教学反思能力。因此，我们可以认为，教师的工作积极性是教师开展教学反思的内在动力，教学效能感是教师开展教学反思的信念基础。没有这一动力和信念，教师就不会积极开展教学反思，教学反思能力便不会提高，教育教学的专业化水平也就难以提升。

另外，已有研究成果表明，中小学教师的教学问题诊断能力比较低；教师的条件性知识和实践性知识能显著预测其教学问题诊断能力。[①] 由于教学反思的问题性特征，由这一研究结果可知，教师知识对其教学反思有重要的积极影响。对此，恐怕很少有人会持否定或怀疑的看法。因为教师的知识水平是其从事教育工作的前提条件。[②] 美国耶鲁大学心理学系斯腾伯格（Robert J. Sternberg）教授也明确指出，知识是“专家型教师”不同于“新手教师”的三个基本方面中的首要方面。[③] 教师如果没有良好的知识结构，其教学反思也就没有良好的基础，尤其是具体到教学反思过程中对教学问题的发现、分析和判断，更是受到了教师知识结构的影响。一个教师面对具体教学过程中出现的某一教学现象，要分析和判断它是否属于教学问题，是何种性质的教学问题，会对学生的学习和发展造成怎样的影响等，都受其知识结构

① 曾拓，张彩云，申继亮．中小学教师教学问题论断能力的研究．教育理论与实践，2005（6）：29～31.

② 林崇德，申继亮，辛涛．教师素质的构成及其培养途径．中国教育学刊，1996（6）：16～22.

③ R. J. 斯腾伯格，J. A. 霍瓦斯．专家型教师教学的原型观．华东师范大学学报（教育科学版），1997（1）：27～37.

的制约。因此，我们有理由认为，教师知识是其专业发展的基础，也是其进行教学反思的基础。

综上分析，我们认为，教师的工作积极性、教学效能感和教师知识是影响教师教学反思能力发展的主要因素。而作为影响教师教学反思的教师工作积极性和教学效能感，不可能在教师走上工作岗位以后得到线性提高，而是会波动的甚至是容易衰退的。因为有研究表明，教师是高衰竭的职业，高教育者的职业倦怠状况是很严重的。① 因此，要促进教师的教学反思，提高教师的教学反思能力，提升教师的专业化水平，不但要通过有效的教师培训，以引导教师的观念向积极的方向发展，丰富和优化教师的知识结构，而且要切实激发和调动广大教师的工作积极性。激发和调动教师的工作积极性，组织有效的教师培训以丰富并优化教师的知识结构，是促进教师的教学反思和专业化发展的重要举措。

目前，我国中小学教师的教学问题意识不强，意识到的教学问题主要属于“教学技巧”或“胜任教学”层面的问题。② 当前中小学优秀教师对反思的认识仍不够深刻。③ 这显然与我国经济、社会的快速发展，对教育的要求越来越高，呼唤反思型教师，要求教师专业化的声音日益强烈是极其不相称的。所以，就当前的师资队伍建设而言，要切实改善广大教师的工作生活条件，进一步提高他们的社会地位，以激发和调动教师的工作积极性；也要努力提高教师培训的有效性，丰富并优化他们的知识结构。这是增强广大教师的教学反思意识、促进教师的教学反思、提高教师专业化水平的重要举措。

---

① Maslach C, Schaufeli W B & Leiter M P. Job Burnout. *Annual Review of Psychology*, 2001 (52): pp. 397 – 422.

② 曾拓，杨小洋，申继亮．关于中小学教师对教学问题认知的调查分析．心理发展与教育，2004 (4)：74 ~ 78.

③ 彭华茂，王凯荣，申继亮．小学骨干教师反思意识的调查与分析．西北师大学报（社会科学版），2002，39 (5)：27 ~ 30.

五、结论

教师的工作积极性、教学效能感对其教学问题意识、教学问题诊断能力有显著的预测作用。激发和调动教师的工作积极性，组织有效的教师培训以丰富并优化他们的知识结构，是促进教师的教学反思和专业化发展的重要举措。

第九章　教师教学思维的促进

所有教师的教学思维都应该是围绕教学改革、教学问题解决、教育教学质量提高而展开的高级认知加工过程。如果一个教师在备课、组织课堂教学等教学活动过程中只是照本宣科或照搬他人的教案和做法，本人并没有真正思考自己该如何解决教学过程中存在的问题，如何提高教育教学质量，那么，这样的教师是没有真正的教学思维的。就其本质而言，教学思维就是教学问题的解决过程。影响教师教学问题解决的因素既有主观的，也有客观的。因此，要促进教师的教学思维，首先要分析影响教师教学思维的主客观因素，然后结合实际来探寻促进教师教学思维的途径和方法。

第一节　影响教师教学思维的主观因素

一、教师知识是影响教师教学思维的基本因素

思维是我们间接地认识事物本质和规律的高级认知过程，人们头脑中的知识是影响这一过程的最基本因素。有些事物我们想不到它，考虑不到它，认识不到它的固有本质，最主要的原因是我们缺乏必要的知识或经验（广义而言，经验也是知识）；有些问题我们觉察到了，却找不到问题的根源，难以对问题作出正确的分析，导致解决不了教学问题，很重要的原因也是我们缺乏相应的知识和经验。不同群体的人，甚至是同一群体中的不同个体，对同一事物也有不同的看法。比如，小孩是怎么成长起来的？怎么做才能让小孩在特定的条件下获得最好的发展？“不打不成器”是对还是错？“严师出高徒”是否有效？教育经历不同、成长经历不同的家长对此就会有不同的看法，也就会出现对“虎妈”、“狼爸”等主张褒贬不一的情况。还有，西方世界的人跟我们东方国家的人对很多问题都有不同看法，主要原因还是西方人头脑中的知识与我们东方人头脑中的知识不尽相同。因此，个体头脑中的知识是影响其思维的基本因素。国内外的很多研究也说明了这一点，专家与新手之间差异的研究就是很好的说明。专家与新手之间最基本的差异在于专家能将更多的知识运用于专业范围内的问题解决中，并且比新手更有效。一些有关专家教学的研究已得出结论：专家与新手的差异在于他们的相关领域知识的组织。这些研究都表明，专家教师拥有的知识以脚本、命题结构和图式的形式出现，比新教师的知识整合得更完整。[①] 因此，教师知识是影响教师教学思维的最基本因素。第八章第一节中关于中

① R. J. 斯腾伯格，J. A. 霍瓦斯．专家型教师教学的原型观．华东师范大学学报（教育科学版），1997（1）：28～37.

小学教师教学问题诊断能力的研究的结果表明，教师条件性知识和实践性知识对其教学问题诊断能力有显著的预测作用，就是教师知识影响教师思维的实证支持。

作为影响教师教学思维的最基本因素的教师知识结构，从其功能考虑，可以分为四个方面的结构内容：本体性知识（subject-matter knowledge）、条件性知识（conditional knowledge）、实践性知识（practical knowledge）和文化知识（cultural knowledge）。这四个方面共同构成了教师的知识结构。

教师的本体性知识是指教师所具有的特定的学科知识，如语文知识、数学知识等，这是人们所普遍熟知的一种教师知识。教师的条件性知识是指教师所具有的教育学与心理学知识。教师的实践性知识是指教师在面临实现有目的的行为中所具有的课堂情景知识以及与之相关的知识，或者更具体地说，这种知识是教师教学经验的积累。①

教师知识结构极大地影响着教师的教学思维。要促进教学思维，首先要丰富并优化教师头脑中的知识结构。然而，令人遗憾的是，研究表明，现实中教师对教师知识的掌握是不能令人满意的，尤其对条件性知识的掌握更差。1998 年，衷克定、申继亮、辛涛等人对北京、宁波两地的 298 名中学教师（其中男教师 142 名，女教师 156 名）和来自首都师范大学的 48 名职前教师在教育学、心理学方面的条件性知识进行了状况调查。结果表明，教师对学生心理发展、教与学和学生成绩评估三部分知识成分的得分，60 分以下的教师分别占 75.2%、54.1%、69.2%；70 分以上的教师分别占 2.1%、7.9%、6.6%。或许有人会说这是十多年前的情况，不能说明当前中小学教师对教师条件性知识的掌握情况。其实不然，我们要看到从 20 世纪末到现在，我国的教师教育体制、形式和方法并没有根本的改进，师范本科院校培养教师的学制还是四年，师范生在校学习的教育学、心理学方面的课

---

① 辛涛，申继亮，林崇德. 从教师的知识结构看师范教育的改革. 高等师范教育研究，1999（6）：12～17.

程主要还是教育学、心理学这两门；教师授课仍然主要是理论讲解；有不少学校还采用合班上课，近100人甚至更多的学生挤满在一个大教室里，听教师一个人讲课；而且大多数学生对这两门师范生必修的作为教师条件性知识的重要课程根本没有学习兴趣，也没有学习动力，更多的学生只是应付一下期末考试而已。有相当一部分师范生对心理学、教育学的基本概念和基本理论掌握不好。举个例子来说，笔者在2008—2009学年第1学期师范类学生的必修课心理学的期末考试卷中，设计了这样一道选择题：

毛泽东曾这样评价叶剑英："诸葛一生唯谨慎，吕端大事不糊涂"。这是毛泽东对叶剑英（ ）的评价。

A. 能力 B. 性格 C. 气质 D. 兴趣

这道题旨在考查学生对性格这一个性心理特征有没有真正理解掌握好。如果学生对性格有充分理解是不难选出正确答案（B. 性格）的。然而，笔者在评卷时却发现，选择错误的学生比例高达65%以上。在2012—2013学年第2学期的期末考试中，笔者再用这道题来考学生，仍然有将近半数的学生选择错了。这反映出师范院校中给师范类学生开设心理学课程的教学效果是很不理想的！因此，这也从一个侧面反映出，目前的中小学教师对教师条件性知识的掌握水平与十多年前的中小学教师对教师条件性知识的掌握水平相差不大，也都不高。

师范类学生未能学习掌握好心理学、教育学等教师条件性知识，其中的原因有教师方面的，有学校教学管理方面的，当然也有学生自身方面的，但这一教学问题是不能不解决的。可以说，要促进教师的教学思维，或者说提升教师的教学思维水平，如何提高教师的条件性知识水平是亟待解决的首要问题。

二、教育教学观对教师教学思维起到航标性的作用

真正的思维应该是主动的、积极的高级认知加工活动；被动

的、出于无可奈何的想一想不能算是思维。这一主动、积极的高级认知加工活动是有目标、有方向的，而作为个体思维活动的目标、方向，主要是受到个体头脑中的观念影响。不少专家持有这样一种假设：观念是个体一生中作出决定的最好指标。[①] 这是很有道理的，因为现实中的很多事实和现象都可以用来支持这种假设。比如，持不同观念的人就有不同的行为，持有“棍棒底下出孝子”观念的父母，一见孩子犯了错误，出了差错，就会对孩子大发雷霆，大声训斥，甚至打骂；相反，信奉“一次甘言悦耳胜过千百次棍棒”的父母，发现孩子犯了错，即使怒火中烧，也不会怒气冲天，对孩子大发雷霆，非打即骂。这是持不同观念的父母的不同教养行为。在此有必要补充一下，后一种观念是更为合理、恰当、可取的家庭教育观。

持不同观念的人对同一事物也会有不同的理解，价值判断也不一样。比如，朋友见面，特别是异性朋友相见就互相拥抱，这有必要、有意义吗？东西方人的文化不相同，观念不一样，对此的理解和价值判断不一样，对这两个问题的回答也就不一样，这是众所周知的事实。因此，有很多现实情况有力地支持了“观念是个体一生中作出决定的最好指标”这一假设。持有不同观念的人的思维导向是不同的，观念对人的思维起到了航标性的作用。

教师的教学思维也存在一个“教学思维航标”的东西，这就是教师头脑中的教育教学观念。教师的教学思维活动，不管是教学计划、教学决策、教学反思、教学监控，抑或是其他教学思维形式，都受其教育观念这一“教学思维航标”的影响。所谓教师的教育观念，是指教师在教育、教学实践中形成的，对相关教育对象，特别是对自己的教学能力和所教学生的主体性认识。[②] 它被认为是构成教师素质的重要组成部分，是教师从事教育工作的

① 申继亮，辛涛．教师素质论纲．北京：华艺出版社，1999．

② 申继亮，辛涛．教师素质论纲．北京：华艺出版社，1999．

心理背景。[1] 这一心理背景影响着教师对教学目标、学生发展、教学效能以及师生关系等问题的分析、思考和判断，影响着教师对教学内容的取舍，对教学方法的选择和运用。因此，教师的教育观念对其教学思维起到了航标性的作用。

要促进教师的教学思维，就要更新教师的教育观念；唯有教育观念的更新，教学思维才有新的航标，教学才会有改革和创新。所以说，教育教学观对教师的教学思维起到了航标性的作用。然而，更新教育观念的口号呼喊了多年，大多数教师的观念就是脱不了胎、换不了骨；在课堂教学中，只有教师中心，没有学生的学习主体地位；重知识传授，轻思想方法的训练；重智育，轻心理发展等方面的教育等等。这些深受陈旧观念影响的教学现象，在现实中仍然普遍存在。这是专家学者和广大教师都应高度重视和寻求解决方法的老大难问题。

三、教师的教学问题意识对其教学思维有关键性的影响

教师的教学问题意识作为其对教学问题的认识，是教师教学思维的重要构成成分之一，它对教师的教学思维水平也有着关键性的影响。这是因为问题性思维是高水平思维的显著特点，个体进行思维活动时，是否带着问题和带着什么样的问题，对其思维活动的深度和广度有重要影响。思考时能否发现隐藏于事物或现象背后的问题更是衡量教师思维水平高低的重要标志。因为发现问题往往是比解决具体的问题更复杂、难度更大、综合性更强的思维活动之一。这一点可以从专家学者们对问题发现能力的高度评价中看出来。英国科学哲学家波普尔就曾经指出："科学只能始于问题，从问题开始。""科学和知识的增长永远始于问题，终于问题——越来越深化的问题，越来越能启发新问题的问题。"爱

① 林崇德，申继亮，辛涛. 教师素质的构成及其培养途径. 中国教育学刊，1996（6）：16～22.

因斯坦（Einstein）也指出："发现问题和系统地阐述问题可能要比解决问题更为重要。因为解决问题可能仅仅是数学或实验技能问题而已，而提出新问题、新的可能性，从新的角度去考虑老问题，则要求创造性的想象，而且标志着科学的真正进步。"科学发展如此，教学的改革和发展其实亦然。试想，如果一个教师没有教学问题意识，从不考虑自己的教学工作是否存在问题，为什么会有这些问题，如何解决这些问题，其教学能有真正的改革和发展，教学水平能得以提高吗？显然不可能。因为在第七章已分析指出，教师的教学是一个不断地发现教学问题和解决教学问题的过程。既然教学活动与教学问题密不可分，教学问题意识是教师教学思维能力的重要构成之一，而且教师这一意识的强烈与否是衡量其教学思维水平高低的重要标志，那么，增强教师的教学问题意识在促进其教学思维方面会起到关键性的作用。第八章第一节中关于中小学教师教学问题诊断能力的研究表明，教师的教学问题意识对其教学问题诊断能力有显著的预测作用，这一研究成果正可以支持这一观点。那又该如何增强教师的教学问题意识呢？这个问题将在本章第三节中进行探讨。

四、工作积极性是推动教师教学思维的内部力量

个体的任何活动都有一个动力问题，推动个体进行活动的内部力量称为动机。从实质上看，动机就是积极性。工作积极性是人们对工作产生的一种主动而自觉的心理活动状态。[①] 因此，教师的工作积极性也就是教师对教育教学工作产生的一种主动而自觉的心理状态。它是教师主动进行教学思维、积极开展教学改革、促进自主专业发展的内在动力。教师的教学思维活动不能没有这种动力。教师没有这种动力，也就不会有教学思维。这是因为：一方面，教师教学思维的启动要求教师首先要有工作积极

① 刘海燕. 影响经济不发达地区中小学教师工作积极性诸因素分析. 心理发展与教育，1995（1）：45～49.

性；另一方面，教师的教学思维活动会受到其教学情绪与情感，以及教学意志的影响，不能没有工作积极性这一支撑力量。教师的教学反思更是如此。教学反思是一个能动的、审慎的认知加工过程，也是一个与情感和认知都密切相关并相互作用的过程，在此过程中，不仅需要有智力加工，而且需要有情感、态度等动力系统的支持。[①] 其实，不止教学反思是这样，其他所有的教学思维活动也都是这样一个过程。因为教学思维作为一种高级的、复杂的教学认知活动，不可能被动地发生，也很难由教师主体以外的压力或其他力量来"启动"，只能由教师自身的内部动力——工作积极性去启动，并始终受其影响。

教师的工作积极性越高，就意味着其进行教学思维、提升自身专业化水平的动力越强，决心也越大。如果一个教师自己不愿分析、研究教学，而是被外力强制，不得已而为之，是不可能对教学进行全面、深入的分析的，也就不可能有良好的教学思维效果的。研究表明，教师的工作积极性对其教学问题诊断能力有显著的预测作用。[②] 而从前面的分析论述中可知，教师的教学问题诊断能力是教师教学思维能力的重要成分。所以，教师的工作积极性对其教学思维会有积极的显著影响。第八章第二节中关于教师的工作积极性、教学效能感与其教学问题诊断能力关系的研究表明，教师的工作积极性对其教学问题意识和诊断能力有显著的预测作用，为这一认识提供了实证支持。

教师工作积极性是推动教师教学思维的内部力量。要提高教师的教学思维水平，促进教师的自主专业发展，就要切实激发和调动广大教师的工作积极性。

---

① 申继亮，刘加霞．论教师的教学反思．华东师范大学学报（教育科学版），2004（3）：44～49.

② 曾拓．教师的工作积极性、教学效能感与其教学问题诊断能力关系的研究．教育研究与实验，2008（4）：57～60.

第二节　影响教师教学思维的客观因素

教师工作虽然有其特殊性，比如自主性强、自律要求高等，但教师并不是在世外桃源工作和生活，客观存在的多种因素都会影响教师的教学思维。这些客观因素包括社会风气与环境、学校管理与文化、校园群体心理，以及教师个人的家庭生活等等。

一、社会风气与环境是教师教学思维的外部力量

教师跟一般人一样，在一定的社会环境中生活、工作，其教学思维必然会受到社会风气与环境的影响。在一个人人尊重教师，不管是社会精英、名流还是普通百姓都关心教师、认可教师的社会环境中，教师可以充分感受到整个社会对自己工作的认可，以及对自己工作价值的肯定。这样的社会环境也就从外部给予了教师无穷的力量。在这巨大的社会力量的支持下，教师就会觉得自己是广受社会欢迎的人、有价值的人，就会以师为荣，自觉主动地展开教学思维，努力把教育教学工作做好。

相反，如果教师处于“贱师而轻傅”的社会环境中，教师自觉或不自觉地充当了“贱者、轻人”，他（她）还愿意去开展绞尽脑汁的教学思维活动吗？显然不可能。“贱者、轻人”是小孩子也懂得不能做、做不得的人，是迟早会被社会遗忘甚至抛弃的人。一个自觉是“贱者、轻人”的人，也一定是无心无力做好工作的人；社会也不强求他们对社会有所贡献。因此，把社会风气与环境看成是教师教学思维的外部力量是合情合理的。而且，这一力量是有大小和方向的。

有良好的尊师重教风气的社会与环境，对教师的教学思维起到正向的牵引作用；存在贱师轻师风气的社会与环境，对教师的教学思维则会起到阻碍作用。要促进教师的教学思维，就要营造全民尊师重教的良好社会环境。

二、学校管理与文化是教师教学思维的孵化器

不管愿意还是不愿意，教师都要接受学校领导和职能部门的管理。学校管理的理念、规章制度和方式方法等，必然会影响教师的教学思维。每一所学校都有自己的文化，任何一个人都会受到文化，尤其是身边文化的影响。管理与文化也是紧密地联系在一起，相互影响的。学校管理与学校文化是学校变革与发展过程中，不同而又存在交互影响的两种重要力量。学校的管理离不开文化，学校的文化也离不开管理。管理讲求制度和规范，文化讲求契约和氛围，两者有机融合，规范中出文化，文化中有规范。学校的管理文化是学校在管理过程中形成的一种特殊的文化倾向，是以学校教育价值观为核心的观念、制度、组织架构、行为方式的集合体，对师生具有正面导向、凝聚激励、约束规范、同化辐射等作用。①

如果我们把教师的教学思维活动及其产品，包括经教师个人积极主动而又严密、审慎思考出来的各种教育教学观念和思想方法等，看成是学校孵化出来的“雏鸟”，那么，学校的管理与文化就是学校孵化“雏鸟”的孵化器。学校不同的管理与文化给予教师的“温度”是不同的：优秀的管理与文化给了教师春天般的温暖；低劣的管理与文化给了教师酷热或严寒。我们知道，卵内的胚胎发育成雏鸟要有良好的孵化器给予适宜的温度。同样，希望教师积极主动地展开教学思维活动并产生优质产品，也要有良好的孵化器给予其春天般的温暖。学校的管理与文化就是孵化教师教学思维的孵化器。如果这个孵化器的功能良好，亦即学校领导能关爱教师、信任教师、支持教师；学校的规章制度中蕴含着丰富的教书育人的文化，能激励教师努力教研；管理的方式人性化，能让教师舒心地工作，教师就可以在这良好的环境中健康发

① 范国睿，赵瑞情，王加强．历史文化名校的现代化转型——上海市浦东新区百年老校扫描．教育发展研究，2007（4A）：57～61．

展，积极进行教学思维活动，不断提高教育教学水平。相反，如果学校领导以“家长”自居，只会支使、监督、甚至强逼教师，动辄以学校的硬性规定来约束教师，教师是不会积极主动去思考教学、研究教学的。

三、教师群体心理是教师教学思维的调节器

社会心理学认为，人类具有强烈的依附于他人的需要，并通过归属于群体和发展亲密的人际关系来满足这种需要。我们关于自己的所有知识、技巧、能力、知觉和态度，都来自我们能够与他人进行比较。① 因此，人是高度社会化的最高等的动物，每个人都属于某一个群体（正式群体或非正式群体）；在群体工作、生活过程中，任一个体的思维活动必然会受到他人的思维活动和成果的影响。每一位教师也都属于某一群体的教师，教师群体成员之间在感知、判断、决策、需要、动机、兴趣、情绪、情感、意志和行动等方面都会产生相互影响，从而产生从众、社会助长以及群体凝聚力等群体心理现象。群体心理现象是客观存在的，每一位教师的教学思维活动都会受到教师群体心理的影响。如果一个教师认同并归属于一个努力工作，乐于奉献，善于分析教学、研究教学的群体，他就会受这群体心理的影响而积极开展教学思维活动。反之，如果一个教师依附于一个对教学工作深感倦怠，没有积极性，更谈不上分析、研究教学的群体，他同样不可能有积极的教学思维活动。另外，群体成员间的有些观点、看法以及思维方式也会对个体产生影响。可以说，教师群体心理对教师的教学思维起到了调节器的作用。教师教学思维的目标、深广度、思维方式等都会受到这个调节器的影响。

---

① 鲍利克，罗森茨维格．国际心理学手册．张厚粲等译．上海：华东师范大学出版社，2002．

第三节 促进教师教学思维的途径与方法

社会要不断地发展，人类要不断地进步，教育教学就要不断地改革。因此，教育教学改革是永无止境的征程。行走在这一征程上的人主要是教师。教师的教学思维决定了他们在这一征程上行走的方向、目标、速度和方式。所以，我们要高度重视促进教师教学思维的工作。

那么，如何促进教师的教学思维呢？前面两节分别探讨了影响教师教学思维的主客观因素，虽然不管是对主观因素的思考，还是对客观因素的分析，都还不全面、不深入；它们只是笔者认为比较明显的主要影响因素而已。然而，如果我们能紧紧围绕这些因素来探寻促进教师教学思维的途径与方法，不失为一务实的也是理论联系实际的探讨。下面就是这样一个讨论。

一、在全社会营造浓厚的尊师重教氛围

任何一个社会都不能没有教师，教师的教育教学工作归根到底也是为社会服务的。如果把社会看作大家庭，学校就是其中的小家庭；在校学生是大家庭中的“子女”，教师就是这大家庭聘请来抚养、教育子女，使之健康成长的“养育员”。如果要让“养育员”安心工作，开动脑筋去思考如何抚养、教育“子女”们才能让他们健康成长，社会这个大家庭中的所有家庭成员，包括学校这个小家庭的“家长”，就都应该尊重他们、信任他们。否则，“养育员”就会顾虑重重，无心思考“养育”的方法、策略，更谈不上创造性地抚养教育“子女”。因此，如果要教师积极主动地思考教学，不断提高教学思维能力和水平，就要营造一个良好的社会环境，形成一个全民尊师重教的良好社会氛围。

全民尊师重教的氛围要由全社会所有成员来共同营造，而不是由部分社会成员来完成。就政府而言，在财政预算方面要依法

保障教师的工资、津贴、医疗保险等收入能随经济发展而相应提高；教育行政部门在管理学校方面不能有太多的条条框框，对学校统得太死、统得太多，更不能对学校进行瞎指挥。作为社会公众，不能用钱来评价教师，即不能根据教师的工薪收入多少来判断教师的价值。学生家长则不能只看子女的考试分数去认可或否定教师，要多角度综合各种因素，客观地评价教师，真诚地对待教师。大众传媒也应为营造良好的尊师重教社会氛围承担义务，对各级各类学校的优秀教师要进行广泛的宣传报道，特别是要报道教师的优良教学思想观念、高尚的人格以及学术思想和学术造诣等。在尊师重教方面，我们的邻国朝鲜和日本有很多值得我们学习的做法。日本人认为教师是最崇高的职业，“在公共汽车上看见穿‘教师服’的学生时，旅客们便会自动起立让座，以示对未来教师的尊重。小学生放学时要排队向老师挥手告别。在日本，教师的工资要比一般公职人员高，因此大学毕业生得到一个小学教师的职位会非常高兴，亲友们也会前来祝贺”。[①] 对比之下，我们国家在尊师重教方面还是有差距的，学生对教师傲慢无礼、学生家长向教师示威等现象时有所闻；社会公众对教师，特别是中小学教师的价值认可尚有差距；教师的社会地位和物质与精神待遇仍然偏低。如果这些状况不加以改善，要求教师安心教研、积极开展教学思维活动是很难的。因此，全社会各阶层人员都要有社会责任感，以社会主人翁的精神自觉行动起来，尊重教师，关心教师，信任教师，认可教师的社会价值，为广大教师营造浓厚的尊师重教社会氛围。这样，广大教师才有一个主动、积极去思考教学、研究教学的良好外部条件。

二、在学校创建宽松自由、公平民主、和谐竞争的环境氛围

良好的尊师重教社会氛围是促进教师思维的必要条件之一，

---

① 借鉴与参考：尊师重教在国外．求知，1994（9）：40.

但不是充分条件。教师思维还会受到其他客观因素的影响。校园环境氛围就对教师思维有直接的重要影响。暂且不考虑影响教师思维的其他因素，仅就从调动教师的工作积极性、激励教师积极主动思维这一方面来考虑，对教师思维有着更为直接的影响的外因是校园环境氛围。而且，校园环境和社会环境是相互影响的，良好的社会环境也要有相应的良好校园环境，才能真正发挥其助推教师思维的作用。因此，学校也要努力创建有利于激发、维持甚至强化教师的教学工作积极性的校园环境氛围。那么，这样的校园环境氛围是怎样的呢？我们不妨从教师特点和学校管理两个方面来加以分析。

教师作为活生生的人，人所共有的心理活动，如需要、价值观念、情绪情感等，他（她）们也有；但教师的劳动又有其自身的特点，教师的劳动特点决定了教师的心理活动动力系统与其他人群的心理活动动力系统有所不同。学校管理在激发和调动教师的工作积极性方面，不能完全模仿企业管理的成功经验，盲目照搬政府机关的方式方法，更不能脱离实际搞教条主义，而应结合教师的劳动特点，灵活运用科学管理的理论和成功管理的经验，创造性地激励教师。学习过管理心理学（或管理学）的人都知道，在如何激励，即调动人的积极性方面，心理学家们提出了不同的理论，有的从人的需要去考虑，有的从人的目标追求去思考，有的从社会比较的角度去分析，也有的从教师归因方面去解释。应该说，各种不同的理论观点都有其合理性，都可以运用到现实中去，但具体运用时又不能生搬硬套这些理论。学校管理在激励教师方面既要了解教师的重点需要，又要考虑教师进行社会比较的特点，还要分析教师的目标追求和价值观念等。

在需要方面，教师在基本的物质需要上有了一定满足之后，可能更看重的是精神上的需要。比如，希望能与学校领导、同事和学生自由交往，和谐相处，互相尊重，以及获得劳动价值的认可等。教师作为受教育程度较高，又从事着教书育人工作的专业人员，在进行社会比较时可能会特别看重“公平”二字，要求学校领导在教学质量评估、奖惩规定、教师职务晋升和工资福利待遇等方面公平对待。此外，教师主要是用自己的智慧能力和人格力量去工作的脑力劳动者，工作的自主性要求也很高。这就使得教师在工作的过程中，特别是在进行教学思维活动过程中，对宽松自由环境的要求特别高。当然，教师在要求宽松自由的工作环境的同时，恐怕也不会反对在他们内部引入竞争机制。毕竟，教师是希望学校和社会都能在公平竞争中能有不断的创新和发展的。内部竞争机制只有是合理的公平竞争机制才能真正激励教师进行教学思维活动。怎样的竞争是合理的公平竞争？这没有统一的规范化的机制，关键在于能否增强教师的公平感受。在这方面，由美国心理学家亚当斯（Adams）首先提出，后由贝斯（Bies）、莫格（Moag）和格林伯格（Greenberg）等人进一步加以丰富和发展的公平理论（Equity Theory）有现实指导意义。该理论认为，公平感是指员工对组织的分配结果、程序、管理措施、管理态度、企业制度、文化等是否公平的感受。组织公平区分为分配公平（distributive justice）、程序公平（procedural justice）和互动公平（interactional justice）三个维度。分配公平是人们获得奖励的公平性。程序公平是奖励分配过程的公平性，而非分配结果。互动公平是指在程序执行过程中程序的执行者（管理者）对待员工的态度、方式等对员工的公平知觉的影响，它包括信息公平（informational justice）和人际公平（interpersonal justice），分别体现了沟通的信息传递和态度传递。[①] 根据这一理论，学校领导和其他管理人员在教学任务的安排、工资待遇，特别是当前实施的绩效工资分配及其分配方法的制定、执行等方面都要充分征求广大教师的意见，体现学校的公平；在与普通教师的日常交往过程中，要互相尊重，以礼相待。

如果学校领导和管理人员能从教师的精神需要重于物质需要，对社会比较的公平感敏感且期待高，以及普遍看重教育教学

---

① 俞文钊，苏水华．管理心理学．大连：东北财经大学出版社，2012.

工作价值的认可等特点出发，努力创建宽松自由、公平民主、和谐竞争的环境氛围，无疑会为促进教师教学思维提供强大的正能量。

三、与时俱进，更新教师教育体系

在本章前面讨论的影响教师教学思维的各种因素中，教师头脑中的知识被认为是最有影响力的因素。因为专家分析解决问题效率高、效果好，根本原因就在于专家头脑里的知识跟非专家的不一样。在知识丰富的领域中，这一特征更为明显。在知识丰富的领域中，专家主要是以他们在该领域中非凡的问题解决能力和理解相关实体的能力为特征的。① 教师所从事的是专业技术工作，教师头脑中的知识是专业知识。对教师分析、解决教育教学领域中的问题的能力，以及对这一领域中的人、事、物的理解，起关键作用的是其头脑中的知识。教师的专业知识越扎实、系统，其教学思维水平就可能越高；反之，教学思维水平就可能越低。因此，要促进教师的教学思维，与时俱进，更新教师教育体系是非常关键的。

事实上，教师教育体系一直处在改革推进中，它有一个从无到有，从单一到多样，从满足于职前培养到既立足于职前培养，又高度重视职后培训，并将二者统一起来的发展过程。这一体系是一直在更新改造的，且这个更新改造或许是不会终结的，是一个永恒的过程。因为社会的发展离不开教育的发展，教育的发展也不能没有社会发展作为保障；社会发展的步伐越快，要求教育发展的步伐也要越快，甚至要快速领先于社会其他各方面的发展。所以，人类社会发展到今天，世界各国都比以前更加重视教师教育，专家学者们也都更全面、深入、系统地思考如何更新教师教育以适应当今时代的要求，思考如何提高教师职业的专业化

① 鲍利克，罗森茨维格．国际心理学手册．张厚粲等译．上海：华东师范大学出版社，2002.

水平。我国也是如此，《国家中长期教育改革和发展规划纲要（2010—2020年）》（以下简称《纲要》）中就写得非常明确："教育大计，教师为本。有好的教师，才有好的教育。提高教师地位，维护教师权益，改善教师待遇，使教师成为受人尊重的职业。严格教师资质，提升教师素质，努力造就一支师德高尚、业务精湛、结构合理、充满活力的高素质专业化教师队伍。""完善培养培训体系，做好培养培训规划，优化队伍结构，提高教师专业水平和教学能力。通过研修培训、学术交流、项目资助等方式，培养教育教学骨干、'双师型'教师、学术带头人和校长，造就一批教学名师和学科领军人才。"从中可见国家对教师教育的重视，但如何在教师教育实践中将《纲要》具体化还有很多问题需要研究和解决。在此方面，有些国家的有效措施和方法值得我们借鉴。

目前，美国、日本、英国和法国等发达国家的师范院校（学校）都已并入主要的综合性大学，成为其中的教育学院，或者升格为教育大学，或者成为教育学院起领导作用并决定学校的精神的地方综合性大学。一名大学生要获得教师资格，首先要取得一般专业的学士以上的学位，然后集中学习教育学、心理学、教学法、课程开发等课程并参加教育教学实习。而且，法国和日本都在维持教师的公务员身份地位，利用非常具有竞争性的考试制度来确保进入这一行业的标准。在日本，其做法是：从大学毕业生中挑选出最优秀的学生，然后通过竞争性考试决定他们在学校中的岗位。由于教师属于公务员，享受公务员的工资和福利待遇，因而成为极具吸引力的职业。一般说来，每年只有20%合格的高校毕业生能够成功通过考试被聘为教师。和日本一样，法国所有公立学校的教师都属于公务员，因此，为获取教师职位的竞争十分激烈——即使是资格符合了，录取率也只有报考人数的15%～20%。美、日、英、法等国家的教师培养模式和准入要求，可以使教师既有扎实的学科专业知识，又有丰富的教育学、心理学和学生发展等方面的知识。① 当前，我国的教师教育体系也发生了很大变化，中等师范学校已基本消失，大多数高等师范专科学校已升格为师范学院或与地方性高等学校合并为地方性综合性高等学校。但是，这些变化仍然没有从根本上改变传统的教师培养模式，即“专业课 + 公共课 + 教育学、心理学、教学法 + 教育实习”的模式，甚至连课时分配也几乎没有发生改变。很明显，我国教师教育体系的这种变化是没有跟上国际教师教育的步伐的，与上述国家在教师教育方面的改革发展是有距离的。面对不断变化的国际与社会环境，这样的培养模式能否培养出符合时代要求的高素质、教学思维能力强的教师很值得我们去研究和探讨。另外，教师的专业知识应包括哪些，教师应具备哪些能力，教师应持有哪些观念，以及如何让教师自主地提升其教学思维水平等问题，专家学者们的看法还不完全一致。这些又是无法回避的问题，因此我们在更新教师教育体系的过程中要很好地思考并回答这些问题。

作为一个尝试性的探讨，笔者在此谈谈个人的看法。笔者认为，不同级别学校的教师，对其知识和能力的要求是有所不同的，对幼儿园和小学教师的学科专业知识的要求比中学教师的要求可以低一些；而教育学、心理学，特别是在幼儿、儿童心理发展变化规律方面的知识，幼儿园和小学教师比中学教师要更为丰富，了解掌握的也要更多。在能力方面，幼儿园和小学教师的情商以及音乐、舞蹈、画画能力等，应该比中学教师要强；而中学教师的逻辑思维能力比幼儿园和小学教师可能要强。至于观念，不同级别的学校对教师的要求可能就相差无几了。

因此，教师教育体系的更新过程要按不同的培养（培训）对象去进行设计。幼儿园和小学教师的培养模式可在现行的师范学院的培养模式的基础上去修改完善；而培养中学教师的培养模式可考虑“4 年的学科专业学习（某专业本科毕业后） +1 年的教

① 许美德，李军，孙利民. 世界教师教育发展的历史比较. 教育研究，2009（6）：54 ~62.

育科学知识学习+教育实习”的模式。对教师的职后培训，除了要与时俱进经常给教师“充电”外，同样要考虑不同级别学校的教师的培训重点应有所不同。对小学教师和幼儿园教师的培训，就知识内容而言，应以幼儿和儿童的心理发展特点及其理论为主，而且要注重补充心理科学在这方面的最新科研成果。对于中学教师，除了要补充学习掌握必要的教育学、心理学以及学科教学法等方面的知识外，还要特别注重培养他们的教学研究精神和能力。还有，不管是对哪一类教师的培训都不能忽视一种意识和一种观念的培养，即终身自觉学习的意识和良好的在职自学观念。也就是说，对教师的职后培训的根本在于“不培”，即通过对教师进行培训，要让广大教师形成终身自觉学习的意识和良好的在职自学观念，让其能自觉主动地坚持终身在职学习。

四、教师教学问题意识的增强是促进教师思维的关键

思维水平的提高只有通过思维活动才能实现，教师教学思维水平的提高也只有通过教学思维活动才能实现。因此，要促进教师的教学思维，就教师个人来说，经常展开教学思维活动是非常重要的。有人可能会问，在职在岗的教师不是经常进行教学思维活动吗？的确，教师的整个教学过程都与教学思维活动紧密联系在一起，不可能不进行教学思维这一认知活动。然而，大多数教师天天进行的教学思维活动，很多都是简单地做教学计划，简单地分析学生情况，以及对挑选教学方法等进行浅显的思考，甚至可能是简单地习惯性重复。这种简单的、习惯性的，甚至可能是对教学工作的刻板的、重复的思考，是无助于促进教学思维水平的提高的。因为教师的教学思维一旦离开了教学问题的发现和解决，就谈不上对教学的深刻理解和把握；只有当教师在强烈的教学问题意识的驱动下，发现并解决了教学问题，才会对教学有更深入的理解和更好的把握，这样才能有助于教学思维水平的真正提高。要知道，科学知识的增长始于问题，终于问题。教学的改革和发展同样如此。在不同的社会历史条件下，在不同的国家和

地区，甚至在同一个地方的不同学校的教学可能很不一样；但可以肯定的是，都同样会有教学问题的存在。任何教学的改革和发展都要解决教学问题，教学的改革和发展就是一个不断地发现教学问题、解决教学问题的过程。教师在强烈的教学问题意识的驱动下不断地发现教学问题、解决教学问题，才能真正提高教学思维水平。那么，教师该如何增强教学问题意识呢？在此，笔者建议作如下努力：

（一）提高教师的教学问题觉察能力

教师教学问题意识的形成和发展有一个过程，这一过程的起点是教师对教学问题的觉察能力。因此，教师教学问题意识的培养，应从发展和提高教师对教学问题的觉察能力开始。而教师这一能力的发展和提高，首先要求教师对教学问题的存在有正确的认识和态度。作为教师，要认识到教学活动中存在教学问题是有其客观必然性的，教学的发展和提高就是一个不断发现教学问题、解决教学问题的过程；教学问题意识的发展和提高本身就是教学能力提高的重要体现。如果教师认识不到解决教学问题的重要性，觉察不到教学问题，其教学问题意识是无从发展和提高的。只有当教师能觉察到教学问题的存在，继而从整体上综合地分析教学问题，解决教学问题，其教学问题意识才能得到提高。因此，在教师教育和学校管理实践中，都要重视提高教师对教学问题的觉察能力。在教师教育（包括职前教育和职后教育）方面，可通过组织教师对教学问题的讨论、教学问题诊断的训练等多种形式来提高教师对教学问题的觉察能力。而在学校管理实践中，要为教师提供宽松自由的教学人文环境，让他们能积极地面对教学问题，增强他们在教育教学工作过程中“打问号”的勇气、智慧和习惯。

（二）积极帮助教师构建优良的知识结构，更新观念

教师所掌握的职业知识——本体性知识、条件性知识和实践性知识等，以及教师的教育教学观念是其正确诊断教学问题的能力基础。教师对职业知识的学习掌握得越好，头脑中建构的知识

结构越优，形成的教育教学观念越符合学生身心发展的规律和创新人才成长的规律，就越善于诊断教学问题。因此，教师要加强“教师知识”的学习。政府教育行政部门和学校领导要为教师培训及其他形式的学习提供优质服务，积极帮助教师构建优良的知识结构，帮助他们形成符合学生身心发展的规律和创新人才成长的规律的良好教育教学观念。这是提高教师的教学问题意识的重要条件。

（三）组织教师主动、积极地开展教研活动

前面谈到，教学问题意识的实质就是教师观察教学问题，分析、解决教学问题的能力。这一能力是可以经实践来提高的，而这一实践的主要形式就是教师的教研活动。教师的教研活动包括对课程、教材、教法的研究，学科学法研究，教学管理研究，学生状况的研究，尤其是针对教学问题的专题研究。毫无疑问，教师通过开展教研活动可以提高自己的教学问题觉察能力，使自己更迅捷、全面、准确、深入地认识教学问题，提高自己分析教学问题、解决教学问题的能力。另外，教师通过开展教研活动也可以提高自己的科研能力，这是专家型教师应具备的能力。因此，组织教师主动、积极地开展教研活动，是提高教师的教学问题意识的重要途径。

五、教师加强教学反思实践是促进教师思维的根本途径

本书第四章已经对教学反思的含义、特点、意义，教学反思的条件和方式方法进行了比较全面的分析和阐述，也以一节的篇幅介绍教师教学反思方面的调查。读者应该能理解教学反思在促进教师教学思维方面的重要性。的确，真正能从根本上促进教师教学思维的是教学反思。因为教学反思不是应付日常教学的简单思考，它是教师自觉的、主动的、严肃认真而又审慎的，在强烈的教学问题意识驱动下进行的，对教学活动全面的分析思考。这样的教学思维活动过程要对教学计划、教学选择和教学决策等及

其背后的理论或事实依据都进行严格的逻辑推敲或审察，可谓对教学思维的思维。另外，教学反思的根本特征是教学问题意识，教师的教学反思是以解决问题的思维方式去思考教学的。教师进行教学反思时，是用怀疑的眼光，批判性的分析、推理、判断去发现教学问题、解决教学问题的一个过程。这是一个能真正促进教学思维的教学认知加工活动。因此，教师加强教学反思实践是促进教师思维的根本途径。教师该如何加强教学反思实践呢？第四章已经分析论述了教学反思的条件以及教学反思的方式方法。在这里有必要补充强调下面几点：

（一）真正认识教学反思很重要

认识是行动的基础，也是行动的先导，而且行动自始至终都会受到认识的制约。教师能否加强教学反思实践，很大程度上就看他（她）对教学反思有没有真正的认识，包括对教学反思实质的理解，对教学反思在教学思维发展方面的重要性的认识。从实质上看，所谓教学反思，就是教师为了提高教育教学水平，积极主动地对已经发生或正在发生的教育、教学活动以及这些活动背后的理论、假设，进行积极、持续、周密、深入、自我调节性的，而且是力求发现并解决其中的教学问题的审慎的、执着的思考。

教师能否真正认识教学反思的这一实质，决定了他（她）会不会进行教学反思。举例来说，因工作需要，笔者到某初级中学听了一位新教师的说课。说课是课程与教学改革中涌现出来的一种新型的教学教研形式，其目的是“分析教学行为背后的支持系统，将教学行为背后的思路、理念等认知性的东西反映出来”。[①] 简而言之，所谓说课，就是要说课者说清楚“怎样教”、“为什么这样教”，而且重点在于说明“为什么这样教”。这位新教师基本上按说课的要求说了课，而且还说了教学反思。不过，笔者虽听他说了教学反思，但觉得他还不懂教学反思，没有真正认识教学

① 郑金洲．说课的变革．北京：教育科学出版社，2007．

反思。他在说教学反思时，其实是在说他的课的优点和缺点。这怎么算得上是在说课中说教学反思呢？只要是对教学反思有比较好的认识的教师，如果他（她）要在说课中说教学反思，就不会只说自己设计的课的优点和缺点，而是会说自己在课堂教学活动结束后会重点反思哪一方面的内容或安排会不会有教学问题。这才是懂教学反思的教师在说课时说教学反思应有的表现。所以，在加强教师的教学反思实践中，让广大教师真正认识教学反思是很重要的。

（二）教师教学反思要有专业引领

自教学反思的理论和理念介绍到国内的这一二十年里，专家学者们不但给予了普遍关注和研究，还在各级各类学校教师中进行了高调倡导，都觉得教学反思很好很重要。但现实情况是，即使是经验丰富的老教师也未必都能有效地进行教学反思，甚至有些老教师也会像上面提到的新教师一样，根本就没有真正理解教学反思的实质。如果要切实加强教师的教学反思实践，就要引领教师进行教学反思。有研究已表明专业引领的重要现实意义。教师反思需要专业引领，否则，教师就会囿于同水平的重复。[①] 专业引领有利于教师提高反思水平，改进课堂教学，提升专业水平。为此，教师教育者要积极引导教师产生主动反思的意愿；深入教师课堂，对教师反思给予反馈；和教师进行反思对话。[②] 因此，教学反思要有专业引领。

（三）开发教师心理资本非常必要

著名组织行为学家、美国前管理学会主席弗雷德·鲁森斯于2004年在积极心理学运动的影响下，提出积极心理资本的概念后，作为不同于经济资本、人力资本和社会资本而新提出的资本——心理资本，得到了国内外专家学者的普遍关注和研究。心理资本是符合积极组织行为学标准（可测量、可开发和可用来提

---

① 顾泠沅．专业引领与教学反思．上海教育科研，2002（6）：1～3.

② 申继亮，张彩云，张志祯．专业引领下的教师反思能力发展——以一位小学教师的反思日记为例．中国教育学刊，2006（6）：74～77.

高工作绩效）的积极心理能力或要素。西方国家的相关研究发现，其构成主要包括个体的自信或自我效能感、希望、乐观和坚韧性等基本心理力量（Luthans F & Youssef C M，2004）。[①] 国内学者的研究（柯江林、孙健敏、李永瑞，2009）则发现，本土心理资本构念具有二阶双因素结构：事务型心理资本（自信勇敢、乐观希望、奋发进取与坚韧顽强）与人际型心理资本（谦虚诚稳、包容宽恕、尊敬礼让与感恩奉献）。事务型心理资本与西方心理资本基本相似，人际型心理资本则具有本土文化气息。他们的研究还发现人际型心理资本、事务型心理资本和任务绩效、周边绩效、工作满意度、工作投入及组织承诺显著正相关。[②] 国内也有研究（吴伟炯、刘毅、路红、谢雪贤，2013）发现，中小学教师心理资本对其工作绩效具有显著的正向影响，提高心理资本水平对初中教师工作绩效提升具有重要意义。[③] 心理资本是基本的积极心理力量，是教师的工作动力系统的基本的、积极的构成要素，对教师的工作积极性会有积极的重要影响。研究表明，教师心理资本与工作投入正相关，可通过补充能量、提高认同、激发动机来促进工作投入；心理资本各维度对工作投入各维度既有直接效应，也可通过奉献、活力的中介来影响专注。[④] 具体是，"任务型心理资本"、"人际情感型心理资本"通过奉献活力的间接作用，以及任务型心理资本对专注的直接作用共同解释专注变异量的65%。根据这些研究结果可知，心理资本是教师做好教育教学工作的重要心理力量。显而易见，教师的心理资本对其开展

---

① Luthans F & Youssef C M. Human, social, and now positive psychological capital management: Investing in people for competitive advantage. *Organizational Dynamics*, 2004, 33 (2): pp. 143 – 160.

② 柯江林，孙健敏，李永瑞. 心理资本：本土量表的开发及中西比较. 心理学报，2009 (9)：875 ~ 888.

③ 吴伟炯，刘毅，路红，谢雪贤. 中小学教师心理资本对其工作绩效的影响. 教育导刊，2013 (7)：27 ~ 29.

④ 毛晋平，谢颖. 中小学教师心理资本及其与工作投入关系的实证研究. 教师教育研究，2013 (5)：23 ~ 29.

教学思维，特别是教学反思也会有积极的重要影响。并且，本书第四章已分析指出，教师进行教学反思，要求他（她）持有开明态度、赤诚心和责任心，强烈的成就需要和动机，以及积极情感品质和意志品质等优良非智力心理品质的介入也是不能缺少的。而心理资本中的自信或自我效能感、希望、乐观和坚韧性正是积极开展有效教学反思所需要的优良非智力心理品质。如果我们在教师教育与培训、教师管理与激励等方面能充分开发并利用好他们的心理资本，使广大教师能对自己的教育教学有自信，对教育教学充满希望，乐意为不断提高自己的教育教学水平而坚持不懈地进行教学反思。这样，教师的教学反思能力和水平就会得以不断提高，其教师思维水平也就会相应提高。因此，开发教师心理资本对促进教师思维是非常有必要的。

（四）建立教学反思激励机制才有长效

人有本能行为，但更多的是习得行为，即受环境和教育的影响学习得来的行为。而特定行为的出现往往需要激励。激励（motivation）是引导人们作出特定行为而不是另一种行为的力量的组合。[①] 这样看来，要引导教师的教学反思行为恐怕不能没有激励。而且，由于教师的教学反思是艰辛的、复杂的，需要以系统学习掌握好扎实的教师知识为基础的；需要有良好态度和责任心，全身心投入进去的；需要审慎地、执着地、绞尽脑汁地发现教学问题、分析和解决教学问题的艰辛劳动过程，完成这样复杂而又艰巨的劳动任务的行为更是少不了激励。因此，笔者认为，只有建立教学反思激励机制，才能长期有效地促进教学反思和教师思维。在这方面，各级各类的学校可从自身实际情况出发制定相应的激励机制。

---

① ［美］里基·W. 格里芬（Ricky W Griffin），格利高里·摩海德（Gregory Moorhead），唐宁玉. 组织行为学（中国版）. 刘伟译. 北京：中国市场出版社，2010.

参考文献

[1] [美] 罗伯特·L. 索尔所等. 认知心理学（第7版）. 邵志芳等译. 上海：上海人民出版社，2008.

[2] 林崇德. 我的心理学观：聚集思维结构的智力理论. 北京：商务印书馆，2008.

[3] 黄希庭. 心理学导论. 北京：人民教育出版社，2007.

[4] 彭聃龄，张必隐. 认知心理学. 杭州：浙江教育出版社，2004.

[5] 吴庆麟，胡谊. 教育心理学——献给教师的书. 上海：华东师范大学出版社，2003.

[6] 潘菽. 意识——心理学的研究. 北京：商务印书馆，1998.

[7] 申继亮，辛涛. 教师素质论纲. 北京：华艺出版社，1999.

[8] John Dewey. *How We Think*. Lexingten：D. C. Heath and Company，1993.

[9] 申继亮，刘加霞. 论教师的教学反思. 华东师范大学学报（教育科学版），2004（3）.

[10] 李琼，王恒. 小学教师的专业生涯发展类型：一项聚类分析. 教师教育研究，2012（3）.

[11] 衷克定，申继亮，辛涛. 论教师知识结构及其对教师培养的意义. 中国教育学刊，1998（3）.

[12] 申继亮，辛涛. 论教师教学的监控能力. 北京师范大学学报（人文社会科学版），1995（1）.

[13] [美] R. J. 斯腾伯格，J. A. 霍瓦斯. 专家型教师教学的原型观. 华东师范大学学报（教育科学版），1997（1）.

后　记

拙作初成，沉思默想，禁不住又提起笔写了下面的感悟。

作为一名高校教师，耕耘多年之后终于可以拿出一点可谓之个人成果的东西，顿感一种少有的轻松，同时又有一种苦涩的慰藉！

在梅县山区农村家庭出生和长大的我，虽然有父母含辛茹苦的抚养，兄弟姐妹和亲朋好友的帮助，以及学校老师的谆谆教诲，但是走过的也是一条坎坷路。

因为父亲高中毕业后响应蒋介石发出的“一寸山河一寸血，十万青年十万军”的号召，参加了国民政府在抗日战争末期所建立的青年军，所以，在“文化大革命”期间他经常被批斗。小时候，同龄小玩伴就经常骂我是“地主鬼”、“反革命”。幸得很多好心人，包括老师的关心和帮助，助我熬过了童年辛酸的日子。很快，“文化大革命”结束了，我上了初中，同学们再也不骂我是“地主鬼”、“反革命”了。或许是“穷人的孩子早懂事”吧，初中毕业，按中考成绩我完全可以去县城的重点高中就读，但我选择了一所离家很近的农村普通中学——梅县梅西中学读高中。高中毕业那年，虽顺利通过高考预考，但高考还是落榜了。于是我回家干起了农活，做了两年多的农民。在这期间，我也曾去应征报名参军，却因体检不合格，没能成为光荣的人民解放军的一员。正当接连不断的挫折和失意向我袭来之时，同学的关心和鼓励又给了我奋斗的勇气和力量。于是，我甩掉犁、耙、辘轴和锄头等农具，去平远县梅青中学“升大补习班”复读备考。这是一所以 1937 年淞沪会战中在八字桥阵地被日军炮弹击中殉难，成为淞沪抗战中为国捐躯的第一个将领的黄梅兴中将，以及在守卫上海宝山的浴血奋战中壮烈牺牲的姚子青少将两位抗日英烈的名字命名的高级中学。在这所有着良好教风和学风的学校，我争分夺秒拼搏学习一年后，在 1988 年的高考中取得了比较好的成绩，被华南师范大学心理学系录取。大学四年，我深受老师们美好心灵和智慧的影响，不但对真善美有强烈追求，而且非常注重学习和思考。当时，我和很多同学一样，特别喜欢上莫老师，即中国心理学会第十届理事长莫雷教授的课。他给我们上的心理学研究方法等课程对我有非常大的启迪和帮助，让我终身受益。在此，我要谢谢莫老师！

大学毕业后我被分配到嘉应大学（现称嘉应学院），工作多年后，我到北京师范大学以毕业研究生同等学力申请硕士学位进修班学习。硕士学位全部课程的学习考核合格，并通过“专业综合水平”和“外国语水平”的全国统考后，师从申继亮教授做硕士论文的研究，选的题目是“中学教师的教学问题认识与诊断能力的研究”。在申老师悉心指导我完成硕士论文的过程中，我深受他深邃思想和精深学术造诣的影响，这也使我终身受益。在此，我也要谢谢申老师！

取得硕士学位返回嘉应学院工作后，我还是沿着硕士论文研究的方向，在完成繁重的教学任务的同时，从事有关教师思维与问题意识方面的研究。在广东省哲学社会科学规划领导小组、广东省教育厅以及嘉应学院的立项资助下，我承担完成了系列研究项目。本书作为广东省哲学社会科学规划教育学研究项目心理学课题：中小学教师的教学思维与学生思维发展关系的研究（课题批准号：07SXY002）的最终成果，得到了鉴定专家华南师范大学心理学院院长、博士生导师张卫教授，副院长、博士生导师何先友教授，嘉应学院心理研究所所长王金道教授，嘉应学院教育科学学院院长彭旭教授，副院长范远波教授等的宝贵指导。在此一并致谢！

在撰写过程中，我参考和引用了不少文献资料，在此同样要感谢相关文献的作者。

此外，我几乎是挤出时间来完成本书的，若没有家人的支持我将难以完成。所以，我也要在此感谢妻子黄美桂老师的支持和女儿嘉平的理解。

还有，要感谢暨南大学出版社，特别是要感谢黄圣英老师和冯琳老师，她们为本书的出版付出了辛勤的劳动。

本书的写作基于我个人的一个观点，即教师的思维与问题意识对学生各方面的健康发展都有直接或间接的重要影响，有必要引起全体教育工作者，特别是广大教师的思考和探讨。但由于本人的能力和水平有限，抛出的是“砖”，祈盼引来的是“玉”。书中若有不妥之处恳请读者批评指正。

曾拓于梅州市东郊周溪河畔

2014 年 3 月 30 日